Die verspeiste Esskultur

Nahrung und Nahrungstabus

von

Sabine Wilke

Tectum Verlag
Marburg 2005

Wilke, Sabine:
Die verspeiste Esskultur
Nahrung und Nahrungstabus
/ von Sabine Wilke
- Marburg : Tectum Verlag, 2005
ISBN 978-3-8288-8789-3

Tectum Verlag
Marburg 2005

Inhaltsverzeichnis

1. Einleitung

Essen bestimmt unser Leben. Etwa 1/3 unserer Zeit verbringen wir mit der Nahrungsaufnahme. Sie gehört neben dem Schlafen und dem Trinken zu den menschlichen Grundbedürfnissen. Diese Grundanliegen sind dem Lebensalter entsprechend unterschiedlich. Dem Säugling verlangt es nach flüssiger Nahrung. Er wird gestillt, während das Kleinkind mit Brei gefüttert wird. In den folgenden Lebensjahren entwickelt das Kind seine Präferenz für feste und flüssige Nahrung. Es nimmt beide gleichermaßen zu sich. Als Jugendlicher prägt sich seine Vorliebe für einen bestimmten Eßstil aus. So bevorzugt mancher die italienische Küche, während ein anderer eher dem amerikanischen Fast-food zugetan ist. Derartige Vorzüge bleiben meist ein Leben lang, müssen jedoch im Alter oft aus gesundheitlichen Gründen aufgegeben werden. Jetzt ist unter Umständen Schonkost angesagt. Derartige Verhaltensmuster sind kulturell unterschiedlich. Sie beschreiben die Eigenarten der Menschen. Ihre körperlich-materiellen Bedürfnisse und die psychisch- soziokulturellen Aspekte, Hunger und Geschmack, sowie Normen und Konventionen, bilden ein Geflecht von Bedeutungen und kennzeichnen so die Ernährung.

Daneben ist es das Kochen, welches die Komplexität des Kulturphänomens Essens mit Inhalt füllt. Jene Tätigkeit, die sich zuallererst als physikalisch-chemischer Prozeß darstellt. Er gestaltet das Zubereiten eines Gerichtes unter Berücksichtigung der vorgegebenen Normierungen. Um eine Speise nun tatsächlich kochen zu können, bedarf es physikalischen Wissens, um sich der Verbindung, die das Kochen zwischen Natur und Kultur herstellt gewiß zu werden. Schließlich setzt das Kochen als eine „Tätigkeit des Richtens"[1] Wissen über kulturelle Gegebenheiten, Phantasie und Selbstbewußtsein voraus. In der Kochkunst vereinen sich, so kann man von daher sagen, Ernährung und „Labung" auf doppelte Art und Weise. Zunächst kocht jemand um schmackhafte Speisen hervorzubringen, um sich so zu ernähren und das auch noch lecker. Zugleich damit soll die Nahrung den Nährstoffbedarf abdecken und der Gesundheit, wie auch dem Geschmacksempfinden, zuträglich sein. Damit letzteres gewährleistet ist, fügt der Kochende seinem Gericht die passende Würzung hinzu.[2] Die Kochkunst erweist sich durch die genannten Aspekte als äußerst differenziert und zugleich anpassungsfähig. Das zeigt sich u.a. auch daran, daß selbige in Kriegszeiten eine andere ist als in der Zeit des Friedens oder auf Festen und Banketten anders sich darstellt als am heimischen Herd. So sind Reste

---

1   Wierlacher (1993) S. 2/3.

2   Rumohr (1973) S. 47.

der Mittagsmahlzeit im Privaten, ohne Anstoß zu erregen, zu bestimmten Zeiten für einen Kuchen zu verwenden. Ein derartiges Rezept enthält etwa Tante Linas Kriegskochbuch.[3]

Essen und Trinken ist zu allen Zeiten, an allen Orten wichtig und wird es immer bleiben. Wir müssen also essen, um seelisch und körperlich existieren zu können. Ernährung und allgemeines Wohlbefinden bedingen sich somit gegenseitig, wie schon der Volksmund mit dem Ausspruch: „Essen und trinken hält Leib und Seele zusammen", sagt.

Neben der körperlichen Komponente enthält Nahrung auch eine wichtige soziale Komponente. So sind Nahrung und soziale Zugehörigkeit in der Form von Tischgemeinschaften seit jeher miteinander verbunden und beeinflussen sich gegenseitig. Die Konnotation hat sich jedoch im Laufe der Jahrhunderte gewandelt. In der Zeit des Absolutismus spiegelt ein Lebensmittel bzw. dessen Verarbeitungszustand die soziale Rangstufe der Mahlglieder eindeutiger wieder als das etwa in der heutigen, pluralistisch ausgerichteten Gesellschaft der Fall ist. Die Kartoffel gilt z.B. damals gekocht als Speise der Armen. Im Gegensatz zum Kartoffelkloß, der zur Kost der Oberschicht zählte.[4] Es gilt: Ein Lebensmittel, zwei unterschiedliche Zubereitungsarten, zwei Gesellschaftsschichten. Die Zubereitungsart trennt die Oberschicht vom gemeinen Volk, den Armen vom Reichen.

Und wie stellt sich das heute dar? Wenn, wie sich für die Ständegesellschaft zeigen läßt, die Eßhandlung als ganze die Identität des Einzelnen bestimmt, gilt dann auch im Jahre 2000 noch: „Der Mensch ist, was er ißt", wie es Ludwig Feuerbach ausgedrückt hat? [5]

Der Beantwortung dieser Frage werde ich in vorliegender Arbeit Schritt um Schritt näher kommen.

1.1 Begriffe der Ernährungssoziologie

Der soeben zitierte Ausspruch des Philosophen Ludwig Feuerbach (1804-1872), weist darauf hin, daß das Nahrungsmittel den Menschen als denkendes Wesen wesentlich bestimmt. Und das in vielfältiger Hinsicht. Jeder Mensch muß sich, zwecks Erhaltung seiner Körperfunktionen, ernähren. Ernährung bedeutet die Zufuhr lebensnotwendiger Stoffe gleichermaßen, wie ihre Verarbeitung im Körperinnern. Derartige Stoffe werden dem Körper in verschiedenster Konsistenz zugeführt. Festes, Flüssiges oder Sämi-

---

3   Vgl. Horbelt/Spindler (1982) S. 32.

4   Vgl. Becher (1990) S. 75.

5   Teuteberg (1986) S. 358.

ges wird gekocht, gebraten, eingeweicht oder unverarbeitet dargereicht. Derart angerichtet treten die Stoffe in den Rang eines *Nahrungsmittels*. Infolge der Kombinierbarkeit mit anderen , steigt letzteres zur *Ernährungsform* auf.[6] Diese orientiert sich an gesundheitlichen Erwägungen, körperorientierten Werten und natürlichen Aspekten. Derartige Komponenten beschreiben den *Ernährungsstil*, der mit dem *Eßstil* (dem Wie der Nahrungsaufnahme) lediglich im Punkt der *Nahrungsauswahl* korreliert. Daneben impliziert der Begriff des Ernährungsstils eine gewollte Orientierung an kulturellen Vorstellungen.[7] *Ernährung* beschreibt sich selbst aufgrund der dargelegten Begrifflichkeiten als sozial und kulturell geprägt und körperlich-biologischen Bedürfnissen genügend.

Die *Soziologie der Ernährung* erfaßt beide Bereiche. Sie konzentriert sich auf den Herstellungsprozeß von Lebensmitteln und deren gesellschaftliche Relevanz. Daneben beleuchtet sie sämtliche Entwicklungen rund um die Mahlzeit. Das heißt, die *Soziologie der Nahrung* und *des Essens* verbinden sich zur Soziologie der Ernährung. Die dabei behandelten Themengebiete sind die alimentäre Sozialisation und die verschiedenen regional-gesellschaftlich differierenden Kostarten. Ferner untersucht sie die unterschiedlichen Ernährungsgewohnheiten. Ein Augenmerk richtet sich hierbei auf die negativen wie positiven Folgen des Nahrungskonsums. Rückbezogen heißt das, Gewichtszunahme und Nährwert, diese zwei paradigmatisch verwendeten Begrifflichkeiten, bedingen u.a., neben der Eßsituation als solcher, den sozialen Akt der Nahrungsaufnahme.[8]

Das Individuum, in die Gesellschaft eingebunden, vermag über Tabus, Verbote und Meidungen in seinem Eßverhalten gesteuert zu werden. Es bedarf dazu konkreter Anleitung. Beides, sowohl positive als auch negative Handlungsanweisungen, beziehen sich auf das Was und das Wie der Nahrungsaufnahme. Der Verzehrszustand, etwa roh oder gekocht, betrifft die Frage was, bzw. welche Art Nahrung und in welchem Zustand verzehrt werden soll. Das Wie beinhaltet neben der uns heute geläufigen, grundsätzlichen Frage, ob allein oder in Gemeinschaft gespeist werden soll, zudem die Frage nach den erlaubten oder gebotenen Hilfsmitteln beim Eßvorgang. Darf ich etwa mit der Hand in den Nudeltopf greifen? Ist nicht der Vorschrift eher genüge getan, wenn ich eine Gabel zur Hilfe nehme?

---

6   Vgl. Prahl/Setzwein (1999) S. 8.

7   Vgl. Barlösius (1999) S. 49.

8   Vgl. Prahl/Setzwein (1999) S. 23/24.

All diese Aspekte wollen zu Beginn jeder *Mahlzeit*[9] bedacht oder unbefragt vorausgesetzt sein. Sie werden in der vorliegenden Arbeit wiederholt anklingen und zum Teil gesondert behandelt werden.

Um das Untersuchungsgebiet handhabbar zu machen, möchte ich mit den in der Ernährungssoziologie etablierten Begriffen Tabu, Verbot und Meidung operieren. Sie gelten als zentrale Kategorien zur Charakterisierung einer spezifischen *Eßkultur*.[10] Jedes Mitglied derselben bekommt Dinge vermittelt, die gegessen bzw. nicht gegessen werden dürfen oder solche, die während des Essens zu vermeiden sind. Beide Begrifflichkeiten, Verbot und Meidung, gehen ineinander über, bedingen sich gegenseitig. Anders das Tabu, das wirkungsstärkste der drei Begriffe. Es steht für sich selbst und beschreibt eine heilige Handlung, einen (mit N. Elias gesprochen) peinlichkeitserregenden Vorgang oder sogar etwas Gefährliches. Doch gilt das auch noch in unserer heutigen, entzauberten, säkularen Gesellschaft? Es stellt sich die Frage: Welche Eßtabus gibt es, die heute noch für alle Gesellschaftsmitglieder verbindlich sind? Hier sind die als Lebensmittel ausgewiesenen Dinge zu untersuchen und herauszufinden, welche als Nahrung zwar eßbar, aber in unserem Kulturkreis tabuisiert sind.

Den Bereich der Ernährung durchzieht damit ein System aus Normen und Sanktionen. Der Einzelne ist bestrebt, etwaige Normen bezüglich des Eßverhaltens, der Nahrungsauswahl und der Zubereitung einzuhalten. Gesellschaftliche Hierarchien stehen nun, im Gegensatz zum Mittelalter, an letzter Stelle. Ernährung ist primär keine Frage der sozialen Stellung mehr, sondern eine Sache des Geldeinsatzes, des sozialen Verhaltens und der persönlichen Einstellung zur Nahrung. Die Auswahl der Nahrungsmittel ist aber zudem immer noch im gewissen Sinne eine soziale. Sie umfaßt neben den oben genannten Kriterien auch die Frage gesellschaftlicher Übereinkünfte über ihre Richtigkeit. So betreffen Tabus, Verbote und Meidungen in besonderer Weise Lebensmittel, deren Verzehr lediglich bestimmten Gesellschaftsgruppen verboten bzw. erlaubt ist.[11] Tabus, Verbote und Meidungen beziehen sich aber nicht nur auf die individuelle Nahrungsaufnahme, sondern auch auf die Tischmanieren. Berücksichtigt man beide Aspekte, gilt es einen Prozeß aufzuzeigen, an dessen Anfang der Einzelne, unter Umständen auch eine gesellschaftliche Gruppe, steht. Ersterer hat

---

9 Zur Mahlzeit: „zunächst die festgesetzte zeit eines gastmahls"; (...) „gemeiniglich hat das wort die bedeutung eines essens zu einer regelmäßigen zeit (morgenmahlzeit, mittagsmahlzeit, abendmahlzeit) angenommen, (...)" Zur Mahlzeit ist im Grimmschen Wörterbuch Bd. 12 (1984) auf S. 1459 zu lesen.

10 Zentral dazu Prahl/Setzwein (1999) S. 92.

11 Vgl. Setzwein (1997) S. 7/8.

eine Idee oder entdeckt irgendetwas in bezug auf das Essen. Er gibt diese Sache, der er positiv gegenübersteht, an einen anderen Menschen weiter. Letzterer übermittelt sie dem Nächsten, bis sie die gesamte (Tisch-) Gesellschaft erfaßt hat. Mit Hilfe der Neuentdeckung (Tischmanier oder Eßgerät) wird nun zum einen eine Abgrenzung des Kollektivs zu den anderen Gesellschaftsschichten erreicht. Zum anderen kann eine Veränderung in dem Empfinden des Einzelnen, was z. B. peinlich ist oder nicht, eintreten.

Ziel dieser Arbeit ist es, Mechanismen solcher (Eigen-) Reglementierungen und Gebote aufzuzeigen. Die Grenzen eines derartigen Vorhabens machen sich an der Freiheit des Einzelnen, zu wählen, welche Nahrungsmittel er tabuisiert bzw. meidet oder welche für ihn verboten sind, fest. Die Auswahl erfolgt aber stets in Abhängigkeit der kulturell bedingten Auffassung, was überhaupt als Nahrung anzusehen ist. Als weiteres Kriterium kann die Erhaltung bzw. Wiederherstellung der Gesundheit gelten. Finanzielle Erwägungen stehen dabei in dieser Hinsicht an letzter Stelle.

1.2 Inhaltlicher Aufbau

Die Tätigkeit, in der sich sämtliche der soeben aufgeführten Kriterien betreffs der Nahrung auf dem Teller wiederspiegeln, ist die Mahlzeit. Die Einnahme eines Mahls zur rechten Zeit, das besagt, wie erwähnt, der Begriff der Mahlzeit. Sie (die Mahlzeit) beschreibt sich selbst als eine soziale Situation. In ihr liegen jene Verbindlichkeiten rund um die Nahrungsaufnahme begründet. Die Fragen: Was esse(n) ich, (wir)?; Wie esse(n) ich (wir) irgend etwas?; Wozu esse(n) ich (wir) irgend etwas?; Wann (zu welchem Zeitpunkt) esse(n) ich (wir)?; An welchem Ort esse(n) ich (wir)?; Zusammen mit wem esse(n) ich (wir)? umschreiben die soziale Situation des Essens bzw. der Nahrungsaufnahme. Die *Verzehrssituation* ist also eine örtliche. Sie ist in die Bereiche Natur und Kultur eingebunden. Die *Natur* als den Ort, an dem unsere Nahrung wächst. Die *Kultur* beschreiben Tischsitten, die Art und Weise der Zubereitung als den Ort, an dem die Nahrung bewertet bzw. verwertet wird. Beide, natürliches wie kulturelles Gebiet, sind miteinander verwoben.[12]

Den Wandlungsprozeß der Eßkultur gilt es in einem ersten Arbeitsteil (Kapitel 3) darzulegen. Damit wird eine Basis geschaffen, um das gegenwärtige Eßverhalten (mitteleuropäischer) Menschen angemessen zu verstehen. Da es aber den Rahmen vorliegender Arbeit sprengen würde, bereits im alten Ägypten die Darstellung beginnen zu lassen, beschränke ich mich in der geschichtlichen Darlegung auf die für Europa entwicklungsrei-

---

12   Vgl.Barlösius (1999) S. 36ff.

che Zeit vom Mittelalter bis zum Aufklärungszeitalter und dem anschließenden 19. Jh. und 20. Jh.

Unter Berücksichtigung des aufgezeigten gesellschaftlichen Wandels, wird in Punkt 4.1.1 dieser Arbeit eine Definition der drei Grundbegriffe: Tabu, Verbot, Meidung gegeben. Zum besseren Verständnis des Tabubegriffs werden im Kapitel 5.1 das jüdische Schweinefleischtabu und in Punkt 5.2 das christliche Abendmahl erläutert. Die Darstellung der beiden Thematiken orientiert sich an den Schwerpunkten religiös und kulturell. In Teil 5.1 hofft das auserwählte Volk, die Juden, auf einen gnädigen Gott. Im Abschnitt 5.2. wird betrachtet werden, wie Jesus selbst seinen Leib und sein Blut opfert und es als Mahl mit Brot und Wein deutet. Anknüpfend an den im Verlauf von Punkt 3 aufgezeigten Entwicklungsprozeß, läßt sich in unserem Jahrhundert (20. Jh.) eine gewisse Perfektion feststellen. Nahrung ist im Überfluß vorhanden, jahreszeitlich unabhängig und für jede Geschmacksrichtung. Jeder kann alles kaufen. Doch er weiß nicht unbedingt um die Herkunft einzelner Nahrungsmittel. Der Verbraucher, wie er nun genannt wird, ist der entscheidende Teil des Wirtschaftskreislaufs. In einer Welt des Überflusses, in der es keinen Mangel zu geben scheint, ist aber trotzdem nicht alles für jeden jederzeit verzehrbar. Es steht die Frage im Raum, gibt es auch heute noch Tabus, die bestimmte Nahrungsmittel betreffen? Gehören einige Lebensmittel bzw. deren Zubereitungen in den Bereich dessen, was besser gemieden werden sollte? Was ist dem Einzelnen, bei bestimmten Erkrankungen etwa, in bezug auf die Nahrung verboten? Fragen, die auch mit zunehmender Technisierung der Nahrungsmittelproduktion noch gestellt werden und in dieser Arbeit anhand von ausgewählten Beispielen erörtert werden (Kapitel 5-7).

Ein weiterer Grund dafür, daß Tabus, Verbote und Meidungen nach wie vor aktuell sind, liegt in der sozialen Auswahl, was als Lebensmittel angesehen wird und was nicht sowie deren kultureller Bewertung[13], die wiederum von der sozialen Normierung abhängt. Letztere bedeutet eine Lenkung der Art und Weise des Verzehrs sowie des Ausschlusses derjenigen Nahrungsmittel, die tabuisiert, verboten oder gemieden werden sollen.[14] Das kalte Büfett, Fast-food sowie Gen-food (Kapitel 9-11) sind hier Bereiche, an denen sich zeigen läßt, wie Tabus, Verbote und Meidungen unsere heutige, pluralistisch mannigfaltige Eßkultur bestimmen. Alle Gebiete sind durch die Tendenzen einer Pluralisierung des Marktes, der Verwissenschaftlichung von Ernährung sowie schließlich einer Entfernung des Einzelnen von seiner Tischgemeinschaft geprägt. Ob sich unter diesen Um-

---

13   Vgl.Barlösius (1999) S. 31.
14   Vgl. König (1965) S. 495.

ständen die Begriffe Tabu, Verbot und Meidung noch als angebracht erweisen, um heutiges Eßverhalten in seiner Normiertheit zu erfassen, wird auch die Frage sein, die es am Ende der Untersuchung zu stellen gilt.

Vorliegende Arbeit beschäftigt sich unter wissenschaftlich soziologischen Gesichtpunkten mit dem Thema Tabu, Verbot und Meidungen. Zur Interpretation der in diesem Zusammenhang auftretenden Phänomene werden entsprechende soziologische Theoriekonzepte vorausgesetzt. Die strukturalistische, funktionalistische sowie soziopsychogenetische Sichtweise sollen dazu im folgenden Abschnitt eingehender erörtert werden.

2. Theoretische Grundlagen und Stand der Forschung

Die Ernährungssoziologie ist eine relativ junge Teildisziplin der Soziologie.[15] Ein Standardwerk zum Thema Tabu, Verbot und Meidung, das dieses Phänomen grundlegend theoretisch und soziologiegeschichtlich aufbereitet, liegt erst seit wenigen Jahren mit dem Buch „Zur Soziologie des Essens: Tabu Verbot Meidung" von Monika Setzwein vor.[16] Ihre zusammen mit Hans-Werner Prahl verfaßte „Soziologie der Ernährung"[17] und die „Soziologe des Essens"[18] von Eva Barlösius sind die neuesten Überblickswerke, auf die sich diese Arbeit wesentlich bezieht. Die Methoden und Theorien der Ernährungssoziologie entstammen der klassischen Soziologie, insbesondere dem Funktionalismus, Strukturalismus und der sogenannten sozio-psychogenetischen Theorie, die Norbert Elias mit seinem „Prozeß der Zivilisation"[19] basierend u.a. auf dem Eßverhalten der Zivilisation dargelegt hat. Generell liegen soziologische Werke, die sich mit Fragen der menschlichen Ernährung beschäftigen, seit dem 19. Jahrhundert vor.

Im folgenden wird von den allgemeinen Grundlagen der Soziologie ausgehend zuerst die dieser Arbeit zugrundeliegende Theorie des Norbert Elias` dargelegt. Dieses geschieht ausführlich und an exponierter Stelle, um so ihrer zentralen Stellung im Bereich der Ernährungssoziologie gerecht zu werden. Zugleich aber sollen auch die Ansätze, auf denen die soziogenetische Sichtweise kritisch basiert, in ihrer Bedeutung für das Thema der Arbeit, nicht unterschlagen werden. In zwei weiteren Punkten wird daher sowohl der sogenannte Funktionalismus als auch der Strukturalismus anhand der jeweilig wichtigsten Vertreter angesprochen werden. Dies erfolgt aber der sachlichen Gewichtung entsprechend in kürzerer, d.h. in spezifischer auf die Frage nach den Regulierungsmechanismen von Ernährung eingehender Weise.

---

15   Siehe dazu Abschnitt 1.1, der die Begrifflichkeit dieser Disziplinen erklärt.
16   Opladen 1997.
17   Opladen 1999
18   München 1999
19   Elias, Bd.I, Frankfurt 1997; Elias, Bd. II, Frankfurt 1999.

14

2.1 Die soziogenetische und psychogenetische Sichtweise

Die Zivilisationstheorie Norbert Elias' ist in einer Art Zwischenraum zwischen Strukturalismus und Funktionalismus angesiedelt.[20] Sie greift bereits vorhandene Erkenntnisse von Soziologen wie Talcott Parsons auf und modifiziert sie entsprechend der im nachfolgenden Text beschriebenen Art und Weise.

Um Elias besser einordnen zu können, sei im folgenden zunächst auf die Anfänge modernen soziologischen Denkens verwiesen.

Tönnies trennt als erster zwischen Gesellschaft und Gemeinschaft. Er definiert Gemeinschaft als etwas, das überall dort vorhanden ist, wo Menschen einander annehmen.[21] Die Gesellschaft ist etwas übergeordnetes, alle bisherigen Organisationsformen sprengendes, auf Macht und Herrschaftsverhältnissen beruhendes. Gesellschaft betrifft sowohl einzelne Menschen als auch soziale Gruppen.[22]

An Tönnies schließt sich Max Weber mit seiner Definition von Vergemeinschaftung und Vergesellschaftung an. Vergemeinschaftung bezeichnet danach eine persönlich gefühlte Beziehung. Auf unterschiedlichen Erwartungen ruht hingegen die Vergesellschaftung. Sie orientiert sich an wertrationalen Kriterien, d. h. dem Glauben an die persönliche Integrität ebenso, wie an der Erwartung an das Entgegenkommen des Gegenübers als zweckrationalem Gesichtspunkt der Handlung.[23]

Eine Weiterentwicklung der weberschen Handlungstheorie zu einer allgemein gültigen und systematisch gefaßten Theorie gelingt Talcott Parsons.[24] Er entwickelt eine komplexere Einteilung des Sozialsystems. Dieses setzt sich aus gesollten und erwarteten Handlungen von Personen zusammen. Daraus ergibt sich eine dauerhafte und vorhersehbare Ordnung derselben. Die Integration der Handlungen von Personen (diese bilden das Sozialsystem) erfolgt zum einen zwecks Befriedigung individueller Bedürfnisse und Intensionen. Zum anderen über die Bewältigung von Grund- und Dau-

---

20 Elias selbst sieht seine Aufgabe darin „(...) für einen begrenzten Bezirk die verlorene Anschauung von dem Prozeß, von den eigentümlichen Wandel der menschlichen Verhaltens zurückzugewinnen, dann ein gewisses Verständnis für dessen Ursachen zu suchen und am Ende einzusammeln, was sich auf diesem Wege an theoretischen Einsichten ergeben hat". Elias (1998) Bd.I, S. 83. Dabei ist interdisziplinäres Handeln unabdingbar.

21 Vgl. Tönnies (1963) S. 8.

22 Vgl. Tönnies (1963) S. 40.

23 Vgl. Weber (1972) S. 29.

24 Vgl. Bergmann (1967) S. 29.

erproblemen, sogenannten value orientation (z. B. Frieden, Gemeinschafts-
suche, Daseinsendlichkeit), die sich aus der Dauerexistenz des Sozialsystems ergeben.[25] Die Bewältigung kann dabei erstens über die Anpassung
der Strukturen und Prozesse an Veränderungen erfolgen, zweitens über die
Verwirklichung eigener (des Einzelnen) sowie sozialer (kollektiver)
Handlungsziele mit Blick auf die Aufrechterhaltung des Sozialsystems.
Dieses gilt für jegliches System.[26]

Der Begriff der Realität ist bei Parsons systematisch gefaßt. Die Theorie
fußt auf der Annahme dreier Realitätssysteme. Eines der drei ist das System menschlicher Handlungen.[27] Hier ergeben sich je nach Zuordnung der
gesollten oder tatsächlichen Handlungen vier weitere Subsysteme: Das Or-
ganismussystem, das Persönlichkeitssystem, das Sozialsystem und das
kulturelle System. Wenn auch stets im Gleichgewichtszustand vorgestellt,
bleibt das System störanfällig, auch wenn die ablaufenden Prozesse den
Rahmen gewisser Toleranzgrenzen nicht überschreiten. Solche Störungen
treten dann auf, wenn die funktionale Orientierung der jeweils zugehörigen
Handlungen nicht mehr durchgehalten werden kann. Dann erfolgt ein
Wandel von Elementen und Strukturen innerhalb der Subsysteme und
schließlich auch im System selbst.[28]

Die Aufgabe der funktionalen Analyse ist die Überprüfung der Funktionalität von Systemproblemen, die Bestätigung von Neutralität eines Systems
oder dessen Gegenteil sowie die etwaige Dysfunktionalität eines der Systeme herauszustellen. Grundlegend wird hierbei in manifeste, das heißt
dem Handelnden bewußte Funktionen oder latente (unbewußte) Funktionen unterschieden.[29]

Die Gesellschaft stellt sich laut Parsons als Kartenspiel dar. Jede Karte
mag vielfältig sein, die Anzahl der Karten selbst ist jedoch klein. Ein Beispiel für eine Karte eines Spiels ist die Orientierungsvariable „Affektivität
und affektive Neutralität". Eine solche pattern variable ist die Orientie-
rungsentscheidung, die der Handelnde in entsprechenden Situationen oder
in Sozialsystemen zu leisten hat. Solche für Parsons typische Begriffskon-
stellation sieht er als den Bestandteil von Gesellschaften und deren Gruppierungen. Er differenziert im Anschluß an Tönnies Gemeinschaft als ge-
fühlsbeladene Ebene und Gesellschaft als gefühlsneutrale Variante. Beide

---

25   Vgl. Parsons (1954) S. 58.
26   Vgl. Parsons (1954) S. 60.
27   Vgl. Bergmann (1967) S. 33.
28   Vgl. Parsons (1954) S. 107.
29   Vgl. Parsons (1954) S. 218.

Ebenen sind zwar voneinander unterscheidbar, doch jeder der beiden Zustände wird in dem jeweils anderen (Gemeinschaft oder Gesellschaft) unterschiedlich aufgefaßt. Das bedeutet, was gesellschaftlich als Affekt geleitetes Handeln begriffen wird, kann in der Gemeinschaft als Verzicht auf starke Gefühlsäußerung aufgefaßt werden.[30] Diese von Parsons eingeführte strikte Trennung von Individuum und Gesellschaft beschreibt den Zustand einer Gesellschaft als zivilisiert. Sie bewertet jedoch nicht den Zivilisationsgrad der Menschen. Der mit ihrer Hilfe beschriebene soziale Wandel richtet sich lediglich auf einen, infolge Störungen verursachten, „Übergangszustand zwischen zwei Normalzuständen der Wandellosigkeit."[31]

Die von Parsons vertretene strukturell-funktionalistische Theorie erscheint Elias zu statisch, um soziale Wandlungen, Prozesse und Entwicklungen tatsächlich als solche zu begreifen und hinreichend erklären zu können.[32] Ziel der Untersuchung von Elias ist es daher, die langfristigen Veränderungen in Gesellschafts- und Persönlichkeitsstrukturen zu untersuchen.[33] Eine dieser Gesellschaftsveränderungen ist die Behauptung aufstrebender Gesellschaftsschichten einer fortschrittsorientierten Industriegesellschaft gegenüber den Machtbedürfnissen bereits etablierter Schichten. Das Ziel ist die Idealvorstellung von einer Nation, so Elias nach Parsons, in der alle Menschen den gleichen Normen folgen. Hat Elias aber entscheidend den Prozeß hin zu einem solchen Ideal als Grenzwert im Blick, so beschreibt Parsons hingegen das soziale System als ein im Gleichgewicht befindliches. Aufgrund des vorausgesetzten Gleichgewichtszustandes und der Sozialisierung der Menschen mit denselben Normen, handelt es sich aber, so Elias` Kritik, um ein Konstrukt. Die Perspektiven von Gegenwart (Ist-Zustand) und Zukunft (Soll-Zustand) verschwimmen. Der Grund solchen Tuns so Elias, liegt in der Idealisierung einer zukünftigen Vorstellung von Nation, wie sie im 19. Jh. vorherrschte, sowie des übersteigerten Selbstbildes der modernen Soziologie. Sie sieht sich als das „Kernstück einer wissenschaftlichen Theorie, die den Anspruch erhebt, als Modell für die wissenschaftliche Erforschung von Gesellschaften aller Zeiten und Räume dienen zu können."[34]

Der aufklärerische Optimismus spiegelt sich zudem darin wieder, daß Freiheit und Unabhängigkeit des einzelnen Menschen und auch der Nation die Säulen dieses Systems bilden. Sie bedingen die Unterordnung des Ein-

---

30   Vgl. Elias (1998) Bd. I, S. 16/17.
31   Elias (1998) Bd.I, S. 23.
32   Vgl. Elias (1998) Bd.I, S. 16-24.
33   Vgl. Elias (1998) Bd.I, S. 10.
34   Elias (1998) Bd.I, S. 44.

zelnen unter ein vernünftig strukturiertes gesellschaftliches Ganzes ebenso, wie die Selbständigkeit des auf sich gestellten entscheidungsfreudigen Individuums. Beide Seiten greift Parsons auf. Er ordnet die Nation als Idealbild eines sozialen Systems dem einzelnen Handelnden als autonom handelndem Individuum zu.[35]

Bezogen auf den Zivilisationsprozeß[36], den Elias in seiner Arbeit beschreibt, steht die Annahme von Parsons im Widerspruch zu den von ihm behandelten Fakten. Die getroffenen Prämissen wirken sich destruktiv auf das Verständnis langfristiger Prozesse aus.[37] Der Prozeßtheorie liegt ein weniger statisch verkopftes, an den Affekten bzw. deren Kontrolle orientiertes Menschenbild zugrunde. Elias beschreibt das Innere bzw. die Psyche des Menschen als Kapsel plus dem abgekapselten Selbst. Letzteres sind die zurückgehaltenen Triebe und Affektimpulse des Menschen. Die Zurückhaltung der Affekte, durch verstärkte Selbstzwänge, hindern die ersteren an ihrer ungehemmten Ausbreitung. Solange die Vorstellung einen Menschen als ein natürliches (von der Natur) in sich geschlossenes Behältnis plus Hülle (äußere Schale) und inneren Kern faßt, bleibt der Zivilisationsprozeß und mit ihm die Wandlung der menschlichen Persönlichkeit ohne Ergebnis. Eine Untersuchung betreffs des Zivilisationsprozesses ist erst im Moment der Abkehr vom Bild der autonom- geschlossenen Persönlichkeit[38] hin zu einer offenen, auf andere Menschen ausgerichteten Persönlichkeit, möglich. Hier wird das Geflecht von Beziehungen und Angewiesenheiten der Menschen untereinander sichtbar. Dieses Abhängigkeitsgeflecht voneinander abhängiger, sowie aufeinander ausgerichteter Individuen bezeichnet Elias als Figuration. Sie bestimmt seinen Begriff von Gesellschaft als ein von den einzelnen Menschen selbst gebildetes Abhängigkeitsgefüge als „Interdependenzgeflecht.“[39]

Jene Figurationen sind, mal schneller mal langsamer, im Wandel begriffen. Elias untersucht in seinen zwei Bänden „Über den Prozeß der Zivilisation“

35   Elias (1998) Bd. I, S. 42-44.

36   „Zivilisation“, so Elias (1998) Bd.I, S. 91, „bezeichnet einen Prozeß oder mindestens das Resultat eines Prozesses“. Der Zivilisationsbegriff weist vielerlei Bezugspunkte auf. Der technische Stand, Religion und Wissenschaft sind ebenso zu nennen wie die Lebensweise. Von besonderer Bedeutung sind die Tischmanieren und die Nahrungszubereitung. Sie werden im Folgenden näher erörtert werden. Vgl. Elias (1998) Bd. I, S. 89.

37   Vgl. Elias (1998) Bd.I, S. 46-49.

38   Black box: Ein verschlossener schwarzer Kasten „in dessen Inneren sich bestimmte individuelle Prozesse abspielen“, so Elias (1998) Bd.I, S. 49 über Parsons Begriff des Selbst.

39   Elias (1998) Bd.I, S. 71.

wie und warum solche Wandlungsprozesse auftreten.[40] Aufgrund der Struktur sowie der Anwendung des Figurationsbegriffes auf das Gesellschaftsgeflecht der Individuen läßt sich der Zivilisationsprozeß detaillierter untersuchen. Ist er zuvor grundlegend dynamisch, so vollzieht er sich aber keineswegs in chaotischer, strukturloser Abfolge. Die „Verflechtungsordnung"[41] innerhalb dieses Prozesses ergibt sich aus der Verflochtenheit von Figurationen innerhalb der Gesellschaftsordnung. In dem so gegebenen Gefüge vollzieht sich der Zivilisationsprozeß wie folgt:

Mit zunehmender Differenzierung gesellschaftlicher Funktionen und somit menschlicher Verhaltensweisen verkompliziert sich auch das Beziehungsgefüge der Menschen untereinander fortschreitend. Der Einzelne sieht sich immer häufiger einem gesellschaftlichen/psychischen Zwang[42] ausgesetzt, sein eigenes Verhalten unter Kontrolle zu halten. Persönlich sprunghaftes, unkontrolliertes Verhalten muß mehr und mehr auf gesamtgesellschaftlichen Druck hin zurückgehalten werden. Die Instrumentarien zur Fremd- bzw. Selbststeuerung desselben sind, während des ganzen Prozessverlaufs, durch Zwangsstrukturen geprägt. Sie entstammen dem am Beginn des Zivilisationsprozesses stehenden Drang der Schichten, sich von den übrigen auf eine gewisse Weise abzuheben. Tabus und Zwänge dienen also ursprünglich als Distinktionsmerkmale gehobener Gesellschaftsschichten, werden aber im Zuge des Zivilisatrionsablaufs zunehmend individualisiert.

Rückbezüglich auf das Gesagte ist anzumerken, daß ausgeblendete, als peinlich deklarierte und dadurch an den Rand der Gesellschaft gedrängte Verhaltens(un)arten durch das Wort Tabu im Sinne des Zivilisationsprozesses nach Elias besetzt werden.[43] Solche Tabus werden dem Einzelnen von Kindesbeinen an wie eine automatische Reaktion internalisiert. Die nun sich in ihm entwickelnde, gleichsam blind arbeitende Selbstkontrollapparatur verfestigt sich, infolge der allseits komplizierter werdenden Verflechtungsordnung innerhalb der Gesellschaft zunehmend.

Zusammenfassend ergibt sich: Die Richtung zivilisatorisch bedingter Verhaltensänderungen beschreibt den Zivilisationsprozeß in Abhängigkeit zu der zunehmenden Ausdifferenzierung im institutionellen wie im persönlichen Bereich. Die Kontrastierungen standesüblicher Verhaltensweisen nehmen mit fortschreitender Zivilisierung ab. Zunehmend prägt die direkte

---

40   Vgl. Elias (1998) Bd.I, S. 66-72.

41   „Die Vorstellung von Verflechtungszusammenhängen, die Elias auch als Figurationen bezeichnet, ist so zentral für seine Konzeption, daß diese unter anderem als Figurationssoziologie etikettiert wird" schreibt Setzwein (1997) S. 164.

42   Elias (1998) Bd.I nennt dazu Fremdzwang (S. 265) und Selbstzwang (S. 296).

43   Zum genannten Sachverhalt siehe Elias (1999) Bd.II, S. 351-355.

Abhängigkeit der Individuen untereinander jenes Interdependenzgeflecht, also den Zivilisations- prozeß.[44]

Hierauf aufbauend, vermag Elias mit dem Zivilisationsbegriff verwandte Termini wie Kultur und kulturell in das Untersuchungsspektrum mit aufzunehmen. Die Kultur bezieht sich auf die eigene Leistung, das eigene Wesen einer Nation. Sie erstreckt sich somit auf das Selbstbewußtsein derselben. Das von Kultur abgeleitete Eigenschaftswort kulturell benennt „Wert und Charakter bestimmter menschlicher Produkte."[45] Hieran schließt sich das Adjektiv kultiviert als die „höchste Form des Zivilisiertseins"[46] an. Es bedingt, genau wie der Kulturbegriff, die Zivilisation bzw. die bei ihrer Herausbildung abgelaufenen Prozesse. Der Zivilisationsbegriff als solcher hebt ein allen Menschen innewohnendes Identitätsgefühl hervor. Dieses auch Selbstbewußtsein zu nennende Gefühl äußert sich nicht immer offen, weshalb der Zivilisationsbegriff außerdem einen latent gefühlten Zusammenhalt beschreibt. Zivilisation und Kultur sind laut Elias etwas gegensätzliches.[47] Während sich schon im ersteren die Tendenz zur Verbreitung gruppeninhärenter Ideale erkennen läßt, drückt die Kultur die konkrete Fragestellung nach dem Selbstverständnis einer Nation aus.[48]

In dem, was an dieser Stelle als Nation beschrieben wird, kommt jener Zurückhaltung der Affekte eine weitreichendere, im größeren Zusammenhang zu sehende Bedeutung zu. Dies besagt, auch die Indiskretion persönlicher Gefühle ist für den Einzelnen eine Notwendigkeit. Sie modelliert sich zu einem Nationalverhalten, bis sie letztlich als Ausdruck nationalen Selbstbewußtseins die eigene Nation von einer anderen unterscheidet. In bezug auf die Gesellschaftsverhältnisse des 18. Jh. ergibt sich daraus die Feststellung, daß der nationale Gegensatz für die Zeit ebenso bestimmend ist wie der soziale. So hält sich z.B. der Kreis der führenden deutschen Personen am Hofe der französischen Sprache mächtig, für zivilisiert, während die übrigen (Mittelschicht), die allein die deutsche Sprache sprechen, (lediglich) die Kultur repräsentieren. Aus dieser Selbstzuschreibung heraus ergibt sich für die Zeit entsprechend eine Antithese von Kultur und Zivilisation, die das Resultat eines innerstaatlichen Zivilisations- bzw. Entwicklungsprozesses ist.[49]

---

44   Vgl. Elias (1999) Bd.II, S. 323-328.

45   Elias (1998) Bd.I, S. 91.

46   Elias (1998) Bd.I, S. 91.

47   Vgl. dazu Elias (1998) Bd.I, S. 95.

48   Vgl. Elias (1998) Bd. I., S. 89-92.

49   Vgl. Elias (1998) Bd. I, S. 126-131.

Ein derartiger Prozeß ist in seinen Ursprüngen, so hebt Elias gegen Parsons hervor, auf der psychischen Ebene anzusiedeln. Damit einhergehend ist dasjenige, was verboten bzw. geboten ist, beständiger Veränderung unterworfen. Eine derartige Revision ergibt sich aus der Verlängerung der Schwelle dessen, was in der Gesellschaft als deplaziertes, peinliches oder unangenehmes Verhalten eines einzelnen Menschen oder einer Gruppe empfunden wird. Die mit diesen Empfindungen einhergehenden Ängste erweisen sich „als eines der Kernprobleme des Zivilisationsprozesses."[50]

Das Erlernen von Verhaltensstandards ist aber lediglich eine Komponente des Zivilisationsprozesses. Diesen in seiner ganzen Komplexität zu begreifen, erfordert zusätzliche psychologische Kenntnisse, wie sie T. Kleinspehn eindrücklich herausgearbeitet hat. Laut dem von ihm entworfenen Modell läßt sich der Zivilisationsprozeß als eine starke Dominanz der oralen Struktur begreifen. Letztere wird mit zunehmender gesellschaftlicher Segmentierung zum zentralen Verbindungsglied zwischen Äußerem und Innerem des Einzelnen. Jeder von uns, so Kleinspehn, erfaßt Essen und Trinken und alles andere seiner Umgebung oral. Seine Erfahrungen gründen sich auf der Akzeptanz der eigenen Wünsche sowie der Anerkennung durch andere. Beide Komponenten prägen Kleinspehns Konzept der Oralität. Oralität entsteht in einem psychischen Prozeß. Es ist das Über-Ich welches sich in der ödipalen Phase bildet, was über den Bezug des Kindes zu seiner Umwelt entscheidet. Jenen Grad der Übereinstimmung zwischen dem Selbst, dem Objekt und der Realität bestimmt das Über-Ich. Aber auch es unterliegt einem allmählichen Wandlungsprozeß im Verlauf des Zivilisationsprozesses. Hier geht es vor allem um größere Gesellschaftsveränderungen, wie sie schon Elias in seinem Buch für den Übergang vom Mittelalter zur Renaissance beschreibt.[51] Sie sind das Ergebnis eines Bruchs zwischen Gebotenem und per Norm festgeschriebenen. Letzteres wird vom Über-Ich zunächst verinnerlicht. Das Verinnerlichte gerät jedoch in Gefahr von dem Zeitpunkt an, da eine neue Verhaltensweise aufkommt. Sie läßt einen Zwiespalt zwischen der neuen, vom Über-Ich erst noch zu akzeptierenden und der alten bereits für realitätstauglich gehaltenen Verhaltensweise, aufkommen. Im Vordergrund stehen Angst und Schuldgefühle, die sich mit fortschreitendem Zivilisationsprozeß in Vermeidungen unangebrachten Verhaltens ausweisen, wie Elias es beschreibt. Daneben ist die von Kleinspehn in seinem Buch „Warum sind wir so unersättlich?"[52] genannte Prägung bzw. Nichtprägung oder schwache Prägung des Über-

---

50   Elias (1998) Bd.I, S. 76/77.

51   Vgl. dazu in Elias Bd. I (1998) Abschnitt 1 u. 2.

52   Frankfurt (1987)

Ichs zu nennen. Beides zusammen bildet nach letzterem den Prozeß der Zivilisation.[53]

Zusammenfassend läßt sich festhalten: Der Prozeß der Zivilisierung geht mit einer zunehmenden Affekt- und Triebkontrolle einher.[54] Der Mensch ist bestrebt, alles Unangenehme (tierische) bezüglich seines Körpers zu verbieten oder in die Privatsphäre zu verbannen. Lagen im Mittelalter vor allem objektive Regulierungsmechanismen vor, so verstärkt sich im Verlauf des Zivilisationsprozesses die Selbstkontrolle des Einzelnen.[55] Letzterer verinnerlicht entsprechende Tabus, Verbote und Meidungen, die z. B. während der Mahlzeit zu unterlassen sind.[56] Der subtil beeinflußte, autonom sich wähnende Esser tritt hervor.

2.2 Funktionalistische Ansätze

Der Funktionalismus wird als Sammelbegriff theoretischer Ansätze verwendet, die Abläufe innerhalb kultureller sowie sozialer Systeme untersuchen. Eine Funktion wird hier allgemein als eine zur Herstellung oder Aufrechterhaltung eines „bestimmten Systemzustandes" [57] notwendige Größe angesehen. Die bekanntesten Vertreter dieser Theorie sind E.Durkheim, B. Malinowski und A. R. Radcliffe-Brown.

E. Durkheim begreift die Gesellschaft als ein auf ihren Nutzen ausgerichtetes soziales Gebilde. Eine derartige Funktion ist zum einen auf Anpassung an konkrete Lebensumstände ausgerichtet, zum anderen auf Nicht-Anpassung an dieselben. Beides, „Ziel und nicht- Ziel", erfordert eine sorgfältige Trennung betreffs der eigentlichen Funktion von Gesellschaft und der Ursache eines sozialen Phänomens.[58] Die Mahlzeit ist demnach ein soziales Phänomen mit Gemeinschaft stiftender Funktion. Inwiefern sich diese Gemeinschaft als für die kollektive Identität der Gesellschaft nützlich erweist, hängt von ihrem Anpassungsvolumen an gegebene Umstände ab.[59]

Malinowski ist der Begründer der „funktionalen Anthropologie."[60] Er bettet nun die Funktion in eine Analyse von Institutionen ein.[61] Einzelphäno-

---

53   Vgl. Kleinspehn (1987) S. 17-23.

54   Vgl. Elias (1999) Bd. II, S. 415.

55   Vgl. Elias (1998) Bd. I, S. 64.

56   Vgl. Elias (1998) Bd.I, S. 160f.

57   Parsons (1954) S. 217.

58   Vgl. Durkheim (1965) S. 181.

59   Vgl. Setzwein (1997) S. 88.

60   Setzwein (1997) S. 89.

mene, wie die Mahlzeit, sieht er als eine auf eine bestimmte Institution be-
zogene kulturelle Einheit an. Die Funktion, die sie erfüllen (Sättigung bei
der Mahlzeit), hängt von der spezifischen Leistung der Institution ab, in
der sie eingeordnet werden. Sie sind daher als Elemente der Kultur in einem dichotomen, sozialen wie kulturellen, Zusammenhang zu betrachten.[62]
Funktion ist demnach gleichbedeutend mit Bedürfnisbefriedigung.[63] Entsprechend ordnet Malinowski das Tabu als Regelfunktion unter die Rubrik
Bedürfnisse ein. Für ihn gelten biologische und wirtschaftliche Bedürfnisse der Menschen als Grundlage etwaiger Tabuierungen. Das Tabu leitet
sich für ihn aus den in einer Menschengruppe verrichteten Tätigkeiten sowie den zwischengeschlechtlichen Verhaltensweisen ab. Für tabu werden
demnach schamerregende und an das Peinlichkeitsempfinden rührende
Vorgänge erklärt. Eine hinreichende Begründung ist damit jedoch noch
nicht gegeben. Um auch die Grundlagen kultureller Bedürfnisansprüche
beurteilen zu können, führt Malinowski zwei Gesetzmäßigkeiten ein.
Grundvoraussetzung einer jeden Kultur ist in erster Linie eine biologische
Bedürfnisbefriedigung. Daran schließt sich das technisch-kulturelle Voranschreiten menschlicher Entwicklung zur persönlichen Vervollkommnung
an.[64] Das bedeutet, den Bedürfnissen werden von Malinowski nicht allein
körperliche Ursachen zugeschrieben, sondern ebenso psychische. Die kulturell bedingte Antwort auf etwaige Bedürfnisbefriedigungen führt im Ergebnis zur Entstehung von Institutionen.[65]

In einer solchen finden sich nach Radcliffe-Brown Verhaltensnormen, die
von einer Gruppe oder sozialen Klasse aufgestellt werden.[66] Als Erweite-
rung der zu Beginn des 20. Jh. eingeführten Sozialanthropologie[67] führt er
den Begriff der sozialen Struktur ein. Eine solche beschreibt er als eine
genau bestimmbare Anordnung von Materialien oder Personen.[68]

Die soziale Funktion eines Phänomens (Handlung, Denkweise) wird von
ihm entsprechend bestimmt durch deren Beziehung zur Struktur eines Organismus und des Lebenszyklus dieses Organimus, zu dessen Erhalt sie
beiträgt.[69] Hier nimmt er eine Gegenposition zu Malinowski ein, indem er

---

61 Vgl. Malinowski (1975) S. 37.
62 Vgl. Malinoswski (1975) S. 77.
63 Vgl. Malinowski (1975) S. 38.
64 Vgl. Malinowski (1975) S. 39/41.
65 Vgl. Malinowski (1975) S. 29.
66 Vgl. Radcliffe-Brown (1965) S. 10.
67 Vgl. dazu Setzwein (1997) S. 91.
68 Vgl. Radcliffe-Brown (1965) S. 9.
69 Vgl. Radcliffe-Brown (1965) S. 12.

einzelne Kulturerscheinungen als für die „Gesamtkultur dienlich begreift".[70] Für die Mahlzeit bedeutet das, daß sie einen Beitrag zur Erhaltung der (Tisch-) Gemeinschaft leistet. Im Rahmen, der von ihm eingeführten „comparative sociology"[71], arbeitet er etwaige Gesetzmäßigkeiten innerhalb der Kultur heraus, um diese mit denen anderer Kulturen zu vergleichen und eventuelle Gemeinsamkeiten offen zu legen, „d. h. zum Beispiel die Funktion der Gesamtkultur wird in der Integration der sozialen Gruppen gesehen."[72]

Die Theorien der beiden letztgenannten Soziologen haben einen nicht unerheblichen Einfluß auf T. Parsons geübt, der seinerseits wieder auf Elias wirkte. Eine ausführliche Darstellung von Parsons Theorie ist bereits im Abschnitt 2.1 erfolgt und soll deshalb hier nicht wiederholt werden.

Allgemein läßt sich folgendes feststellen: Dem Funktionalismus liegt in seinen verschiedenen Ausprägungen die Einschätzung der Mahlzeit als Teil der Kultur zugrunde. Die Funktion des Essens ist daher die physische Bewältigung des immer wiederkehrenden Verlangens nach Nahrung. Sie ist eingebettet in das soziale System, zu dessen Stabilisierung sie dient.

Nahrungstabus lassen sich daher mit Hilfe dieser Methode als auf dem sozialen System zuträgliche oder abträgliche Tatbestände gerichtet konstatieren. Die eigentlichen Ursachen, die zur Entstehung etwaiger Nahrungsablehnungen führen, bleiben jedoch trotz der bei Malinowski in diese Richtung weisenden Ansätze ungeklärt.[73]

Im Rückblick auf Elias läßt sich folgendes feststellen: Er kritisiert in seinem Prozeß der Zivilisation den Funktionalismus als eine am gesellschaftlichen Gleichgewichtszustand orientierte Analysenmethode. Aufgrund dieser Ausrichtung erscheint die gesellschaftliche Entwicklung wie ein scheinbar in Ruhe befindlicher abgeschossener Pfeil. Seine Bewegung wird laut Theorie als eine Serie von Ruhezuständen (Zustandssoziologie) aufgefaßt. Allein innerhalb solcher scheinbaren Ruhezustände findet gesellschaftliche Entwicklung statt.[74] Der in Elias` Theorie so zentrale Aspekt des Figurationswandels bleibt hier unberücksichtigt. Letztlich erbringt der Funktionalismus als Forschungsleistung damit eine Stabilisierung des gegebenen Zustandes, ohne sich mit dem Faktum einer gesell-

---

70   Der genannte Sachverhalt läßt sich auf den Begriff „Malinowskian-Dilemma"
      reduzieren.
71   Setzwein (1997) S. 92.
72   Goetze (1984) S. 51.
73   Vgl. Setzwein (1997) S. 109.
74   Vgl. Elias (1997) Bd. I, S. 28.

schaftlichen Wandlung auseinanderzusetzten. Die Theorie erweist sich somit als zu statisch.[75]

Bezogen auf die Ernährung zeigt sich das darin, daß der Funktionalismus allein den Umstand, daß es Nahrungsablehnungen gibt, als Folge normabweichenden Verhaltens, erklären kann, nicht aber deren Genese. Seine Betrachtungsperspektive ist rein synchron ausgerichtet. Damit dienen Nahrungsablehnungen letztlich allein der Herstellung einer kollektiven Identität[76], vermögen aber nicht in ihrer Funktion für den Wandel derselben ernst genommen zu werden.

2.3 Strukturalistische Ansätze

Die oben im Text genannte Erkenntnislücke in Hinblick auf die Tabu- Begründung füllt die Theorie des Strukturalismus aus. So wird eine Denkrichtung der Sozialwissenschaften bezeichnet, die die soziale Regelung und kulturelle Ausformung von Geschmack klar herausarbeitet. Weniger aussagekräftig ist sie jedoch, wie auch der Funktionalismus zuvor, für das Gebiet der Wandlungen und Entwicklungen von Geschmack.[77] Die bekanntesten Vertreter dieser Richtung sind Montesquieu, D. de Saussure und Lévi-Strauss.[78] Der Ansatz des letzteren soll an dieser Stelle näher erörtert werden. Zunächst ein paar allgemeine Bemerkungen.

Der Strukturalismus hat die Strukturen der Gesamtgesellschaft im Blick. Er setzt die verschiedenen strukturalistischen Elemente eines Systems mittels unterschiedlicher Klassifikationen zueinander in Beziehung. So lassen sich über den Strukturalismus Gründe für Nahrungstabus herleiten. Angelehnt an die Linguistik erscheint das „Nahrungssystem als ein Zeichensystem, auf dessen Grundlage kommuniziert werden kann."[79] Es erhält somit den Charakter eines symbolgeleiteten Ordnungssystems. Die Natur, der Herkunftsort von Nahrung, wird gleichsam als Projektionsfläche der sozialen Ordnung benutzt. Diese dient wiederum als Verbindungsglied zwischen der Natur und den Nahrungsablehnungen einer Gesellschaft. Im Ergebnis steht eine rein soziale Logik von Verzehrsbeschränkungen.[80]

---

75   Die obige Kritik ist nachzulesen bei Elias (1998) Bd. I, S. 43.

76   Vgl. Setzwein (1997) S. 102.

77   Vgl. Mennel (1988) S. 22.

78   Vgl. Setzwein (1997) S. 111-113.

79   Prahl/Setzwein (1999) S. 98.

80   Vgl. Prahl/Setzwein (1999) S. 98.

Die Notwendigkeit zur Erforschung von Gesellschaften hebt laut strukturalistischer Sichtweise zunächst in der historischen Untersuchung derselben an. Die Aufgabe der Wissenschaft ist es, eine Ordnung in der Welt zu
entdecken. Ihr Forschungsdrang wird durch die Erkenntnis einer gewissen
Logik sozialer Phänomene gerechtfertigt. Die äußert sich dahingehend, daß
„hinter den äußeren Formen der verschiedenen Ebenen des sozialen Lebens (...) eine bestimmte Anzahl von Modellen, die gemeinsam eine Modellfamilie (ein System) bilden"[81], zu sehen ist. Jene Modelle sind über die
Möglichkeit der Transformation eines Modells in ein anderes desselben
Systems miteinander verkettet. Aufgrund dessen ist eine Struktur erkennbar. Letztere ist Teil eines komplexen Systems, das „über alle Transforma-
tionen hinweg unverändert bleibt."[82]

Hierauf aufbauend läßt sich eine Untersuchung der Strukturen des gesell-
schaftlichen/sozialen Lebens vornehmen. Dabei ist eine bestimmte Zuordnung der Begriffe Gesellschaft und Kultur vorausgesetzt. „Besondere Formen des gesellschaftlichen Zusammenlebens" werden Kultur genannt.[83]
Während die „Einheit, bei der wir diesen besonderen Formen begegnen"
als Gesellschaft bezeichnet wird. Die Größe der Untersuchungseinheit
kann vom Wissenschaftler selbst festgelegt werden. Wichtig erscheint dabei die Wahl des Standpunktes. Es ist die Position desjenigen, um dessen
Kultur es konkret geht. Ferner ist es vonnöten, eine möglichst große Zahl
von Gesellschaften zu untersuchen. Grundlage der Forschungen Lévi-
Strauss` sind daher die sogenannten primitiven Gesellschaften. Hier kann
der gewöhnlich aus industrieller Gesellschaft stammende Wissenschaftler
unbefangen forschen. Außerdem erscheint es an ihnen leichter, innere soziale Differenzen herauszuarbeiten.[84]

Zu den Gemeinsamkeiten einer jeden Gesellschaft gehören die Tauschbeziehungen, in der das einzelne Mitglied und auch die Gruppe miteinander
in Kontakt treten. Ein Tausch vollzieht sich nach den auf dem jeweiligen
Tausch anwendbaren Regeln. Außerdem läuft er in drei gesellschaftlichen
Bereichen ab. Hier sind der Austausch von Gütern und Dienstleistungen
sowie von Mitteilungen und Frauen zu nennen. Alle genannten
Tauschvorgänge bedingen ihre eigenen Formen der Kommunikation.[85] Das
bedeutet, es liegen drei verschiedene Kommunikationsformen oder drei
unterschiedliche Sprachen vor, die zueinander in Beziehung stehen. Ge-

---

81   Morel (1992) S. 108.
82   Lévi-Strauss (1987) S. 388.
83   Morel (1992) S. 110.
84   Vgl. Morel (1992) S. 110-112.
85   Vgl. Morel (1992) S. 112/113. /Sowie Lévi-Strauss (1967) S. 97.

sellschaft, genauer gesagt ihre Kultur, läßt sich nun anhand des (ihres) Austausches oder mittels einer Kommunikationstheorie untersuchen.[86] Kultur definiert sich daher als ein System von Tauschbeziehungen, denen unterschiedliche Kommunikationsarten innewohnen. Daneben gibt es Regelungen, die auf alle Arten von „Tauschspielen"[87] appliziert werden.

Ein Spiel kann der Vorgang deshalb heißen, weil dessen Ziel dem eines Spiels gleicht, bei dem Mitspieler auf jeweils andere Positionen (Rangstufen) zu verteilen sind. Eine derartige Rangordnung findet sich analog innerhalb der Gesellschaft: So werden beispielsweise im ökonomischen Spiel Positionen wirtschaftlicher Macht verteilt. Jeder Spieler versucht dabei mehr oder minder auf Kosten des anderen, das beste für sich herauszuholen. Damit läßt sich eine auf Tausch und Kommunikation sowie Regeln begründete Definition von Kultur bzw. Gesellschaft geben.

Ein wichtiges Charakteristikum strukturaler Forschung ist die Entdeckung zusätzlicher, im Bereich der Kultur angesiedelter Ebenen. Hier kommen Tischsitten, Mode, politische Ideologien usw. in Blick. Generelle Kriterien zur Ausarbeitung der strukturellen Methode liefert die von der zu untersuchenden Gesellschaft getätigte Auffassung über sich selbst. Das gegebene Selbstverständnis gibt nun den Stoff für das Fremdverständnis vor. Die innerhalb einer Gesellschaft gelebten Verständnis-Modelle liefern das für den Strukturalismus interessante Untersuchungsspektrum.[88]

Um als Modell bezeichnet zu werden, müssen Strukturen gewisse Bedingungen erfüllen. Erstens zeigt eine Struktur nur dann Modell- und somit Systemcharakter, wenn deren Elemente auf eine Weise angeordnet sind, daß sich Veränderungen in allen ihren Bereichen widerspiegeln. Bezogen auf die Spieltheorie bedeutet das, daß dann ein neues Spiel beginnt bzw. eine Regeländerung erfolgt. Ein weiterer Punkt ist, daß Umwandlungen innerhalb dieser Modellfamilie wiederum eine Gruppe der Umwandlungen dieser Familie bilden. Auf diese Weise ist eine Voraussage etwaiger Veränderungen des Modells bzw. eines seiner Elemente möglich. Schließlich ist es die Bauweise des Modells, die den oben aufgeführten Kriterien entsprechen sollte.[89]

Eines, der für die Ernährungssoziologie bekanntesten strukturalistischen Modelle, hat der Franzose Claude Lévi-Strauss entworfen. Das von ihm entwickelte kulinarische Dreieck setzt die Verarbeitungszustände von Nah-

---

86 Vgl. Morel (1992) S. 114.

87 Lévi-Strauss (1967) S. 322.

88 Vgl. Morel (1992) S. 116-119.

89 Vgl. Lévi-Strauss (1967) S. 301/302.

rungsmitteln in Beziehung zueinander. Dem Dreieck liegt dabei ein doppelter Gegensatz zugrunde: Erstens derjenige von roher und gekochter Substanz und zweitens jener von Natur und Kultur.[90]

Dazu einige kurze Erläuterungen: Beim Verdauungsvorgang wird die Nahrung zunächst zurückgehalten, bis sie zur Ausscheidung gelangt. Der Zusammenhang der natürlichen Verdauung mit der Küche besteht nun in der Mittelstellung von Ausscheidung und Zurückhaltung. Die Küche versagt sich dem Verwesenden (der Ausscheidung). Sie beachtet lediglich das Rohe. Sie ignoriert den Prozeß vom Rohen zum Verwesenden. Letzterer ist genauso natürlich wie der der Verdauung. Beiden gemeinsam ist die Umwandlung eines Stoffes. Hierauf begründet Lévi-Strauss die Annahme einer Vorwegnahme der Modellfunktion der Kultur im organischen Sinne im Verdauungsvorgang. Die Küche ist daher als eine Art Bindeglied zwischen dem natürlichen und dem kulturellen Aspekt menschlichen Daseins zu betrachten.[91] Zudem verkörpert sie in ihrer gesellschaftsspezifischen Gestalt eine Sprache. Durch sie bringt die Gesellschaft mittelbar ihre Struktur zum Ausdruck.[92] Für sich genommen wäre diese Kategorisierung des kulinarischen Dreiecks also lediglich ein Konstrukt, da die Auffassung bezüglich der Küche je nach Gesellschaftstyp spezifisch differenziert erscheint.[93]

Bezogen auf die zuvor genannten Kriterien bedeutet das: Das kulinarische Dreieck ist ein Modell, welches die Form eines Dreiecks besitzt. Es befindet sich innerhalb eines großen Systems von Modellen. Die Kommunikationsebene, auf der dieses System angesiedelt ist, ist die Küche. Letztere stellt eine neue, zusätzliche Ebene innerhalb des Gesamtkommunikationssystems (Frauen, Güter, Dienstleistungen, Mitteilungen) der Gesellschaft dar. Die Form des Zusammenlebens, auf der ein derartiges Modell begründet ist, ist die der kulinarischen Kultur. Die Zeichen dieses Systems sind roh, gekocht und verfault. Sie bilden zusammen mit den anderen Zeichen gebraten, geräuchert und gesotten einen Zeichenvorrat, „auf dessen Grundlage kommuniziert werden kann."[94]

Der Strukturalismus begreift kulturelle Regelungen wie etwa Tischsitten allerdings nur im Zusammenhang mit Strukturveränderungen einer Gesellschaft, da er generell ein soziales Phänomen allein aufgrund seiner strukturverändernden Wirkung wahrzunehmen vermag.

---

90   Vgl. Barlösius (1999) S. 28. Zum Kulinarischen Dreieck vgl. auch Kapitel 6.1.2.

91   Vgl. Barlösius (1999) S. 27.

92   Vgl. Lévi-Strauss (1973) S. 509.

93   Vgl. Lévi-Strauss (1973) S. 511/512.

94   Prahl/Setzwein (1999) S. 98.

Auf dieser auf der Anordnung von Systemen und Untersuchungen basierenden Gesellschaftsordnung fußt nun die Kritik am Strukturalismus, wie sie etwa auch Elias vorträgt. Kritiker bemängeln die bisweilen systematisch-symbolische, bisweilen künstliche Betrachtung von Gesellschaft. Zudem wird die Natur nicht mehr als selbstständiger Faktor mit eigenen Strukturen berücksichtigt, sondern zur bloßen Projektionsfläche sozialer Ordnungen herabgestuft.[95]

Der strukturalistische Ansatz bietet aber, und das ist seine Leistung, ein Schema zur Klassifizierung von Nahrungsablehnungen. Er fragt nach der Bedeutung solcher Regulierungen. Den Grund eventueller Tabus, Verbote und Meidungen vermag allerdings auch er entsprechend nur einseitig zu erklären.[96] Ferner, und mit dem Erstgenanntem einhergehend, erweist er sich so, wie der Funktionalismus vordem, als zu statisch nur jeweils auf einen gegebenen Zustand gerichtet.[97]

Über die Grenzen beider Ansätze, des funktionalistischen und des strukturalistischen, vermag Norbert Elias durch die Betonung der psychisch- individuellen Seite der Genese der Zivilisation hinauszukommen. Inwieweit aber in bezug auf der Frage der gesellschaftlichen Regulierungsmechanismen von Ernährung trotzdem auf die anderen Ansätze zurückgegriffen werden kann und muß, wird nach einem Überblick über die Sozialgeschichte der Ernährung in Punkt 4 dieser Arbeit diskutiert.

---

95   Vgl. Barlösius (1999) S. 28.
96   Vgl. Setzwein (1997) S. 158.
97   Vgl. Setzwein (1997) S. 156.

3. Eine Sozialgeschichte der Ernährung

Im folgenden soll die von Elias geleistete geschichtliche Ausarbeitung ausgewertet werden, um am Beispiel der Tischsitten darzustellen, in welchem Umfang die Eßkultur ein Teil der Gesamtkultur ist. Im Zuge dessen vertieft sich auch die Frage bezüglich der Gründe, die zur Reglementierung unseres Eßverhaltens führen.

3.1 Der Traum vom Sattessen

Am Anfang ist der Hunger. Ihn zu stillen ist bis heute das Wichtigste im Leben der Menschen: Wir müssen essen, sonst überleben wir nicht. Diese Dramatik erklärt, weshalb der Traum vom Sattessen ein zentrales Thema von Mythen und Märchen ist. Zumal es niemals zuvor so einfach wie heute war, sein Bedürfnis nach Nahrung zu befriedigen. Bis in unser Jahrhundert hinein brechen beispielsweise Hungersnöte aus. Gründe, weshalb solche die Menschen überfallen, gibt es viele. Kriege, Mißernten, Schlechtwetterperioden sind ebenso Ursachen, wie Ungezieferplagen, Seuchen und Nutzviehsterben.[98] Das trifft alle in der Bevölkerung, den Armen jedoch weitaus mehr als den Reichen. Aber auch jenseits von Hungersnöten ist die Nahrungsversorgung für die meisten Menschen schwierig und von Mangel geprägt. Im Mittelalter wünschen sich daher alle Schichten so viel und gut zu essen wie der Adel, der als kleine Minderheit im Überfluß lebt. In ihrer Phantasie entsteht ein Land, in dem das möglich ist: das Schlaraffenland.[99] Der Name dieses der Phantasie entsprungenen Landes leitet sich von der Bezeichnung „Cucania" = „Kuchen- oder das süße Land" ab. In der französischen Sprache bedeutet dieses Wort „Narrenland". Eine Vermischung von süßem Leben, Lügengeschichten und Narrenland ist neben Erfundenem, Absurdem, Lächerlichem und Possenhaftem typisch für „Cucania."[100]

In der deutschen Sprache entsteht infolge Vermischung verschiedener Wortbedeutungen der Terminus Schlaraffenland. In ihm lebt der „Schlauraff"[101], eine Person mit durch und durch schlechten Eigenschaften. Ein Trunkenbold, Lüstling, Grobian, Müßiggänger und von geringer Intelligenz. Zudem gibt er sich dreckigen und sexuellen Ausschweifungen hin.[102] Das Schlaraffenland ist ein Schlemmerparadies, in dem Essen und Trinken

---

98   Vgl. Paczensky/Dünnebier (1999) S. 371.

99   Vgl. Montanari (1999) S. 32-36.

100   Richter (1984) S. 12.

101   Richter (1984) S. 14.

102   Vgl. de Haan (1994) S. 178.

„öffentliche Ereignisse" sind. Der Hungrige, sowohl der Arme als auch der Reiche, schlemmen hier vor einer phantastischen Landschaft, ohne dafür arbeiten zu müssen.[103] Arbeit ist in diesem Land verboten, wer es dennoch tut wird bestraft, ja sogar ausgepeitscht.[104] Beschreibungen zufolge ist das Schlaraffenland ein Land, in dem die Nahrung in unerschöpflichen Mengen stets griffbereit vorhanden ist und übergroße Töpfe gefüllt mit Klößen werden dort über Berge von geriebenen Käse geschüttet .[105] Die soziale Hierarchie der Nahrungsmittel ist abgeschafft, jeder tafelt kostenlos wie ein Fürst.[106] Eine „gewaltige Eßlandschaft"[107] ist erfunden.

„Die Kaß [Käse] die wachssen wie die Stein,

vnd wachssen im Landt groß vnnd klein,

die mag ein jeder klauben:

Die stain seind auch zu essen gut

seind lautter Krapffen vnd Tauben."[108]

Allerdings gelangt niemand ohne Mühen in diese Welt des Überflusses. Es gilt eine irreale Grenze zu überwinden. Eine solche Barriere stellt beispielsweise der Brei aus Hirse, Buchweisen oder Reis da.[109] Ebenso kann ein drei Meilen langer Dreckberg[110] die Reise dorthin erschweren. Gleiches gilt für die Aufgabe, sieben Jahre lang durch kinnhohen Schweinedung zu laufen.[111] Eine weitere Variation ist die Seereise über ein „Lügenmeer."[112] Diese Grenzen kennzeichnen das Schlaraffenland als einen geschlossenen Raum, der erst nach Überwindung der realen Welt beginnt.[113] Bei der

---

103   Richter (1984) S. 12.

104   Vgl. Richter (1984) S. 38.

105   Vgl. Montanari (1999) S. 114.

106   Vgl. Richter (1984) S. 35; sowie ders. (1984) S. 111, Anm.1.

107   Richter (1984) S. 30/31.

108   Zit. n. Richter (1984) S. 155.

109   Erstmals ersonnen in der Erzählung von Hans Sachs. Vgl. de Haan (1994) S. 179.

110   So beschrieben in einem deutschen Lied des 16. Jh. Siehe Richter (1984) S. 28.

111   Nach einer englischen Erzählung. Vgl. Textausschnitt bei de Haan (1994) S. 179.

112   In einer italienischen Darstellung aus dem 16.Jh. heißt es: „Wer dorthin gehen will, dem will ich den Weg sagen: Er möge sich im Mamelukkenhafen einschiffen und dann über das Lügenmeer segeln, und wer dort ankommt, ist König über jeden Narren." Zit. n. Richter (1984) S. 148.

113   Vgl. Richter (1984) S. 28.

Phantasie vom Schlaraffenland handelt es sich also um eine Variante der Paradiesvorstellung.

Dieser Traum vom Sattessen wirkt in der Sozialgeschichte des Essens als treibende Kraft im Hintergrund. Man könnte meinen, das Schlaraffenland ist heute in Form der westlichen Überflußgesellschaft Wirklichkeit geworden. Vorliegende Arbeit beschreibt im folgenden, wie es dazu kam und welchen Veränderungen unsere Eßkultur auf dem Weg vom Mittelalter bis in die Gegenwart unterworfen wurde.

3.2 Die Tischsitten

Der Stellenwert der Mahlzeit ist während des Mittelalters ein ganz anderer als heute. Sie gibt dem mittelalterlichen Menschen Orientierung. Sie ist ihm Symbol für ein gesellschaftliches Miteinander.[114] Die sozialen Unterschiede betreffs der eigentlichen Nahrungsaufnahme sind zu der Zeit noch wenig ausgeprägt. Alle, vom König bis zum Bauern, benutzen die Hände zum Essen. Die Fähigkeit, gute Nahrungsmittel den minderwertigen vorzuziehen und diese auch zu konsumieren, unterscheidet den Adel vom gemeinen Volk.[115] Gewisse Lebensmittel sind allein für bestimmte Stände gedacht. Benimmbücher, sogenannte Tischzuchten, sollen die Oberschicht zu besserem Benehmen bei Tisch anhalten.[116] Die Autoren derartiger Werke erscheinen meist als Sammler und/oder Ordner in der damaligen Gesellschaft üblicher Gebote und Verbote rund um das Essen. Jene schriftlichen Zeugnisse dienen der Erziehung. Zugleich weisen sie auf den Ort hin, an dem kultiviertes Benehmen angebracht ist, den Hof. Dazu schreibt Zedlers Universallexikon: „Höflichkeit hat ohne Zweifel von Hofe, Hofleben seine Benennung. Grosser Herren Höfe sind ein Schau-Platz, wo ieder sein Glück machen will. Dieses lasset sich nicht anders thun als wen man des Fürstens und derer Vornehmsten am Hofe Zuneigung gewinnet. Man giebt sich also alle ersinnliche Mühe, denenselben sich beliebt zu machen."[117] Der Begriff, den die Tischzuchten dafür verwenden ist „hövescheit oder hübescheit oder auch zuht" frz. „Courtoisie."[118] Durch sie bezeichnen zunächst bestimmte Spitzengruppen der weltlichen Oberschicht in erster Linie die ritterlich-höfischen Kreise, was sie für ihr Gefühl von den übrigen unterscheidet. Die Vorschriften sind relativ einfach. Niemand soll

---

114   Vgl. Simmel (1957) S. 245.
115   Vgl. Montanari (1999) S. 74.
116   Vgl. Paczensky/Dünnebier (1999) S. 331.
117   Zedler (1994) Bd.13, S. 354.
118   Elias (1998) Bd.I, S. 169-171.

schlechtes über das Essen oder den Tischnachbarn sagen. Ist eine Platte bereits von der Tafel getragen, ist es unhöflich, diese noch zu fordern. Außerdem ist es unerwünscht ein bereits angekautes Stück wieder in die Schüssel zurückzulegen oder ins Salzfaß zu tauchen. Das Messer ist nicht zum Reinigen der Zähne gedacht. Niemandem ist es gestattet ins Tischtuch zu schnauben oder über die Tafel zu spucken und vieles mehr.[119]

In Tannhäusers Hofzucht steht dazu geschrieben:

"Der riuspet, swenne er ezzen sol,

und in daz tischlach sniuzet sich,

diu beide ziment niht gar wol,

als ich des kan versehen mich."[120]

Im Verlauf des 16. Jahrhunderts verändert sich die Figuration. Eine neue Oberschicht bildet sich heraus. Die Frage des Benehmens wird auch in ihr zu einem entscheidenden Faktor.[121] Die gesellschaftliche Kontrolle ist stärker als noch im Mittelalter. Jeder ist einem zunehmenden Druck ausgesetzt. "Das Gefühl dafür, was zu tun und zu lassen ist, um andere nicht zu verletzen, zu schockieren, wird differenzierter (...)."[122]

Der Esser tafelt in Gesellschaft anderer, die ebenso hungrig und durstig sind wie er. Die Tafel des Hauses erscheint daher als ein Ort der Zuweisung eines Sitzplatzes und der Teilung von Nahrung.[123] Die Regeln, um den Veränderungen auch an diesem Ort gerecht zu werden, finden sich in den Verhaltensbüchern der Renaissance unter dem Begriff der "Civilité."[124] Dazu heißt es in der "Les Règles de la Bienséance et de la Civilité Chrétienne (Rouen 1729)": " Bei Tisch muß man eine Serviette, einen Teller, ein Messer, einen Löffel und eine Gabel benutzen: Es verstieße völlig gegen den Anstand, beim Essen auf eines von all diesen Dingen zu verzichten."[125] Nicht nur durch die Anzahl der Mahlzeiten oder die Menge, sondern auch durch die kleinste Kleinigkeit versucht sich der Adel von der Masse der übrigen abzusetzen.[126] "Der Zwang, den die Menschen aufeinander aus-

---

119   Siehe dazu Elias (1998) Bd. I, S. 175.

120   Siebert (1934) S. 197.

121   Vgl. Flandrin (1991) S. 269.

122   Elias (1998) Bd.I, S. 195.

123   Vgl. Tönnies (1963) S. 28. Heutzutage dient selbst das Wohnzimmer als Ort für die Bewirtung der Gäste. Eine entsprechende Eßecke sollte aber noch wie selbstverständlich vorhanden sein. Vgl. Uffelmann (2000) S. 207.

124   Vgl. Elias (1998) Bd. I, S. 263.

125   Elias (1998) Bd. I, S. 441. Im frz. Originalton siehe Elias (1998) Bd. I, S. 218.

126   Vgl. Mennell (1986) S. 414.

üben, wird stärker, die Forderung nach gutem Benehmen nachdrücklicher erhoben."[127] Damit etabliert sich ein Mechanismus, der von der beständigen Veränderung oberschichtlicher Verhaltensweisen in Bewegung gehalten wird. Die Ausbreitung der neuen Verhaltensregeln in die unteren Gesellschaftsschichten ist nicht zu verhindern. Hierdurch wird das Unterscheidungsmerkmal der höfischen Gesellschaft sozial entwertet. Eine Tatsache, die auf Verfeinerung und Veränderung bis dahin gekannter Handlungen bei Tisch hinausläuft. Das persönliche wie auch das gesellschaftliche Empfinden für Dinge, die peinliche Schamgefühle hervorrufen und Angst auslösen, ändert sich abermals.[128] Dies geschieht hier zumeist mit dem einen Ziel, peinliche Angelegenheiten hinter die Kulissen der Gesellschaft zu verlagern.[129]

Über Geschmack läßt sich bekanntlich streiten. Der gute oder auch schlechte Geschmack vereint diejenigen Menschen, die zusammengehören. Ein bestimmter Kleidungsstil, eine Benehmensweise oder die Vorliebe für einen Eßstil definieren den Geschmack und damit die soziale Schicht.[130] Inwiefern der Esser im Laufe der Zivilisationsentwicklung sich an den „guten Geschmack" gewöhnt, ist Gegenstand des nächsten Kapitels.

3.2.1 Der gute Geschmack

Die Einnahme einer Mahlzeit in Gemeinschaft ist eine gesellschaftliche Übereinkunft. Keine andere soziale Situation symbolisiert in ähnlicher Weise Gleichheit, Gemeinschaft und soziale Zugehörigkeit.[131] Derjenige, der alleine speist, schließt sich (absichtlich) aus der Gemeinschaft aus. Er will alle Nahrung ganz für sich allein verschlingen und ist daher ein Fresser.[132] Schon in den römischen Komödien spottet der Schreiber über den Reichen, der niemand anderem, nur sich selbst die gute Speise gönnt. Dieser „einsame Prasser" ißt alleine. Er scheut die Gesellschaft anderer aus Geiz und Gier. Die Geselligkeit während der Mahlzeit ist auch im Mittelalter oberstes Gebot. Der einsame Esser, so glaubt man, will ungestört sei-

127   Elias (1998) Bd. I, S. 194.

128   Vgl. Elias (1998) Bd.I, S. 296.

129   Vgl. Elias (1998) Bd. I, S. 255. Als Beispiel nennt Elias, das Zerlegen eines ganzen noch mit Federkleid servierten toten Tieres bei Tisch.

130   Vgl. Karmasin (1999) S. 199.

131   Vgl. Barlösius (1999) S. 166.

132   Vgl. dazu die Abbildung in Paczensky /Dünnebier (1999) S. 90.

nem Verlangen nach viel Nahrung nachgehen. Konventionen wie Rituale der Tafel sind außer Kraft gesetzt. Er kann sich gehen lassen.[133]

Sowohl die Völlerei als auch die Genußsucht zählen zu den sieben Todsünden des Mittelalters, die ein jeder Gläubige nicht begehen darf. Die Kirche benennt sie mit dem Begriff „gula". In diesem Titel ist zugleich mitgesetzt, daß dem Vielfraß und dem Feinschmecker die Hölle gewiß ist.[134] Einem Kaiser oder König hingegen wird das Recht zugebilligt, alleine zu essen. Die unteren Ränge, die nach ihm speisen, sehen ihm bei der Mahlzeit zu. Außerdem reichen sie dem König oder Kaiser die Speisen, damit er sich bedienen kann.[135] Im 17./18. Jh. differenziert sich das bis dahin einheitliche Bild des Vielfraßes und Feinschmeckers aus. Der Feinschmecker ist nun eine Person, die sich alles, was gut aussieht und gut im Geschmack ist, einverleibt. Sein Gegenpart, der Vielfraß, verschlingt alles was gut schmeckt ohne eventuelle gesundheitliche Risiken zu bedenken.[136] Die Küche ist es nun, die einen guten Gaumen von einem schlechten scheidet. Ihre individuelle Note entfaltet sie ebenso durch den kultivierten Esser bedingt als durch den Koch.[137] Dem Feinschmecker („Gourmet")[138] wird viel mehr das Diktum des guten Geschmacks (oder überhaupt des genußvollen Essens) zugebilligt als dem Vielfraß. Völlerei zählt nach wie vor zu den Untugenden, schlimmer als die Feinschmeckerei, die auch nicht unbedingt sozial akzeptiert, jedoch als das kleinere Übel angesehen wird.[139] Von dem Zeitpunkt an ist es der gute Geschmack der soziale Unterschiede ausmacht. Die Oberschicht nutzt jenen Begriff für sich, um damit ihren Wertmaßstab, gleich ob bei der Nahrung, Kleidung oder Einrichtung, kundzutun. Die Geschmäcker der unteren Schichten werden als peinlich und gesellschaftlich minderwertig eingestuft.[140] Der Geschmack erhält hier seine soziale Komponente. Derjenige, der die Geschmacksansichten eines anderen oder auch einer Gruppe teilt, erhält dadurch das Gefühl der Zugehörigkeit ebenso, wie auf der anderen Seite die Rolle der Ausgeschlossen-

---

133   Vgl. Zischka (1994) S. 223.

134   Vgl. die Darstellung auf dem Rundbild Völlerei von Hieronymus Bosch abgedruckt in Laurioux (1992) S. 142.

135   Vgl. Paczensky / Dünnebier (1999) S. 323.

136   Vgl. Zischka (1994) S. 224.

137   Vgl. Flandrin (1991) S. 300.

138   Darunter, so Flandrin (1991) auf S. 295, „verstand man zu Beginn des 17. Jahrhunderts eine Art Weineinkäufer oder Weinverkoster ,wie ihn die Weinhändler beschäftigen."

139   Vgl. Flandrin (1991) S. 294/295.

140   Vgl. Elias (1999) Bd. II, S. 421.

heit.[141] Geschmack vermittelt somit soziale und personale Identität. Er trennt jedoch auch diejenigen, die etwas „schön und häßlich, fein und vulgär"[142] finden, von denjenigen, die dieses nicht so sehen. Doch wie kommt es zu diesen zuerst einmal subjektiv erscheinenden Urteilen?

Der Eßbarkeitsgrad (Wert) eines Nahrungsmittels setzt sich aus den von ihm ausgehenden geschmacklichen Reizen und Gerüchen sowie der ihm eigenen Geschmacks- und Duftstoffe zusammen. Sein Geschmack deutet sich von daher als der Zusammenhang von Eigenreiz und dem von den Geschmacksknospen der Zunge wahrgenommenen Eindruck auf den Esser.[143] Eine Konsequenz aus diesem Wechselverhältnis ist, daß wohlschmeckende Lieblingsspeise etwas schneller verzehrt wird als ein weniger schmackhaftes Gericht. Der Grund liegt in der geringen Beanspruchung der Geschmacksnerven bei schnellem Essen. Deshalb ist es der Feinschmecker, der eine schmackhafte Speise mit geschlossenen Augen genießt. Keine andere Sinnesempfindung soll ihn beim Genuß seiner Lieblingsspeise stören. Ebenfalls anziehend findet der Esser den Geruch einer Speise, vorausgesetzt dieselbe findet sein geschmackliches Wohlgefallen. So hängt der Genußwert einer Nahrung von den lokalisierten Sinnesempfindungen, den Maßstäben für Qualität des Nahrungsmittels und nicht zuletzt von der körperlich/seelischen Verfassung des Essers ab.[144]

Das Aroma eines Nahrungsmittels nimmt der Esser als der Speise spezifisch wahr. Seine Geschmackssinne[145] sind auf die Wiedererkennung eines bestimmten Geschmacks des Lebensmittels gerichtet.

Allgemein läßt sich aus dem bis hierher über den Geschmack Gesagten folgern, daß er sich in zwei Komponenten gliedern läßt. Zum einen in die klar und deutlich abgrenzende (distinkte bzw. dinstinktive), zum anderen in die Kontinuität wahrende bzw. durchbrechende (kontinuierlich bzw. diskontinuierlich) Komponente. Die in der Natur wohlbegründete Ordnung wird dadurch in eine symbolische überführt. Eine Umwandlung der Regelmäßigkeit in zusammenhanglose Gegensätze beginnt.[146] Gemieden wird was nicht in dieses System paßt. Verboten ist die Nahrung, die dem sozialisierten Geschmackssinn zuwider ist. Damit erhält auch der Tabu- Begriff

---

141 Vgl. Bourdieu (1992) S. 284/285.

142 Bourdieu (1992) S. 25. Pierre Bourdieu ist neben M. Douglas, C. Lévi-Strauss und R. Barthes, ein Vertreter des Strukturalismus.

143 Vgl. Glatzel (1959) S. 9/10.

144 Vgl. Glatzel (1959) S. 15-18.

145 Der Geschmackssinn gehört neben dem Geruchs-, Tast- und Gehörsinn zu den menschlichen Sinnen. Siehe dazu Barlösius (1999) S. 71/72 Fußnote 44.

146 Vgl. Bourdieu (1992) S. 284.

eine spezifische Deutung. Tabu sind diejenigen Lebensmittel, die dem kulturellen Geschmacksempfinden entgegenstehen.

Hier hat nun die Küche, wie bereits erwähnt, eine entscheidende Stellung. Sie ist das Verbindungsglied zwischen dem Esser und dem Geschmack. In ihr finden sich alle kulturell verankerten Genüsse, die dem Geschmackssinn zuteil werden sollen, wieder.[147] Die Aufgabe der Küche und mit ihr der Kochkunst ist es, schmackhafte Gerichte zuzubereiten, die außer dem Geschmack des Essers auch seinem Auge zugetan sind.[148] Die Mahlzeit, die der Hungrige zumeist an einem Tisch einnimmt, macht das Geschmackserlebnis sinnlich erfahrbar. Hier werden seine Sinne durch den Anblick dekorativ aufgetischter Speisen, sowie deren Einverleibung, befriedigt. Eine derartige ästhetisch- gesellige Gestaltung einer Mahlzeit verlangt, wie im vorhergehenden Kapitel dargelegt, nach Regeln. Auf diese Weise wird das Recht jedes einzelnen sich bei Tische zu erfreuen gesichert. Die Regelung betrifft neben den Tischsitten ferner auch die Essenszeiten, die Sitzordnung sowie den Gebrauch der Eßwerkzeuge, von dem im folgenden die Rede sein soll.[149]

3.2.2 Das Tischgeschirr

Der Gebrauch von Messer, Gabel, Löffel als „Aneignungsinstrumente"[150] und dem Teller als Handlungsrahmen grenzt den einzelnen Esser zunehmend von seinem Tischnachbarn ab. Die Nahrung wird fortan nicht mehr aus einer großen gemeinsamen Schüssel genommen oder auf dem gleichen Brett geschnitten. Das Gemeinschaftserlebnis Essen beginnt sich für den Einzelnen auszudifferenzieren. Er achtet bei sich selbst und bei seinem Tischnachbarn nicht mehr nur auf die Speise, sondern zudem auch auf korrektes Eßverhalten. Die sozialen Unterschiede, die zu Zeiten der Mahlgemeinschaft sich nicht äußerlich manifestiert haben, gewinnen nun an Bedeutung.[151] Der Gebrauch der Gabel verkörpert das „Vordringen moderner Tischsitte schlechthin"[152], weshalb er näher betrachtet werden soll.

Eine byzantinische Prinzessin bringt das Eßgerät vermutlich mit nach Venedig, als sie einen Dogen heiratet. Zunächst benutzt der byzantinische Hof die Gabel zum Essen von Fleisch. Schließlich gelangt sie in adelige

---

147   Vgl. Barlösius (1999) S. 85.

148   Vgl. Rumohr (1973) S. 47.

149   Vgl. Becher (1990) S. 73.

150   Brock (1977) S. 541.

151   Vgl. Flandrin (1991) S. 269-271.

152   Schürmann (1994) S. 74.

Kreise und zu den Beamten. Zum Standardinstrument bei Tisch wird sie deshalb freilich nicht. Dafür ist sie mit zu vielen negativen Aspekten belegt. So gilt sie mit ihren drei Zinken als Symbol des Teufels. Die Kirche verhängt einen Bann über sie. Ihr Gebrauch gilt als eine „Verhöhnung Gottes", wie Hildegard von Bingen schreibt.[153] Die Benutzung der Finger zur Nahrungsaufnahme ist noch selbstverständlich, gilt als normal.[154] In den allgemeinen Gebrauch kommt die Gabel erst ab dem 16. Jahrhundert. Die Verhaltensart und die Persönlichkeitsstruktur der Menschen beginnen sich weitergehend langsam zu verändern.[155] Die Gabel beginnt den allgemeinen gesellschaftlichen Bedürfnissen der Oberschicht zu entsprechen.[156] Ihr Gebrauch leitet sich zudem vom hygienischen Standpunkt ab. Es ist unhygienisch, wenn alle Esser mit ihren Händen auf die gleiche Platte greifen.[157] Das reicht jedoch als Erklärung für den Wechsel nicht aus. Es gehört, wie noch Erasmus (1466-1536) schreibt, zum guten Ton mit den Fingern zu essen.[158] Mit der Änderung des Peinlichkeitsempfindens, dieser primären Instanz „zwischen zivilisiertem und unzivilisiertem Verhalten bei Tisch"[159], kommt der Gabel eine neue Bedeutung zu. Sie verkörpert einen Peinlichkeitsstandard, der besagt: Dreckige Finger vom Anfassen der Speise auf dem Tisch sind peinlich. Ein ebensolches unangenehmes Gefühl ruft es hervor, mit beschmutzten Händen in der Gesellschaft gesehen zu werden. Reglementierungen, die wie die Gabel das Scham- und Peinlichkeitsgefühl ansprechen, drücken sich in gesellschaftlichen Verboten ebenso aus, wie in Tabus und Meidungen.[160] Solche Einschränkungen bilden sich in Situationen, in denen bei der Verrichtung einer Tätigkeit unangenehme Empfindungen wachgerufen werden. Eine Institutionalisierung der genannten Gefühle findet im Moment gesellschaftlicher Verfestigung dieser Verhaltensweise statt.[161] Zu ihrer heutigen Form kommt die Gabel um 1700 in Frankreich. Die Zacken werden nun verkürzt, leicht gebogen und um

---

153   Zit. n. Spode (1994) S. 21/22.

154   Vgl. Schürmann (1994) S. 76.

155   Vgl. Goudsblom (1977) S. 216.

156   Vgl. Elias (1998) Bd. I, S. 179/180.

157   Vgl. Elias (1998)Bd.I, S. 261/262.

158   Vgl. Spode (1994) S. 26.

159   Elias (1998) Bd.I, S. 262/263.

160   Elias faßt jegliche Einschränkungen unter dem Tabubegriff zusammen. An dieser Stelle sollen die Begrifflichkeiten einzeln aufgeführt werden, da sie auch im zweiten Teil der Arbeit getrennt behandelt werden.

161   Vgl. Elias (1998) Bd.I, S. 262/263.

eine vermehrt.[162] Damit entgeht sie auch dem Stigma, ein Teufelswerkzeug zu sein.

Die Messerverbote hingegen bilden einen jüngeren Regelkanon, der erst nach den genannten Gabelverboten entsteht.[163] Das Messer trägt ein jeder in einer Tasche am Gürtel.[164] Mit ihm verbinden sich die unterschiedlichsten Assoziationen. In der Hand eines Menschen kann es töten, selbst die eigene Gattung ist dabei nicht ausgenommen. Seine Nützlichkeit beweist es aber als wichtigstes Hilfsmittel beim Schneiden und Zerlegen von Nahrungsmitteln. Mit einem Messer ist es sowohl möglich einem anderen Angst einzuflößen, als auch seinen Hunger zu stillen. Sein Gebrauch ist mit einer Vielzahl von Verboten belegt. So gilt es z. B. als unerlaubt, das Messer gegen das Gesicht zu richten. Der Grund des Verbotes liegt weniger in der Verletzungsgefahr als viel mehr in der Angriffslust, die so bei anderen erzeugt werden kann. Ähnliches gilt für das Überreichen eines Messers, das immer mit dem Griff zuerst erfolgen soll[165], aus Vorsicht vor Verletzungsgefahr.

Daneben legen die mittelalterlichen Tischzuchten für den Gebrauch des Messers fest, die Finger während des Schneidens nicht auf die Klinge zu legen und mit dem Messer nicht in den Zähnen herumzustochern.[166] Die Form der Klinge ist nach vorn spitz zulaufend. Ihre heutige abgerundete Form geht erst auf das späte 17. Jh. zurück. Die Speisen spießt der Esser fortan nicht mehr mit seinem Messer auf, was ja technisch zudem auch schwer möglich wäre. Künftig benutzt er dazu eine Gabel. Das Messer verliert dadurch mitbedingt seine Bedrohlichkeit.[167]

Als letztes der „Aneignungsinstrumente"[168] sei der Löffel erwähnt. Ihn betreffen verhältnismäßig wenige Verbote. So heißt es in Tannhäusers Hofzucht: „Kein edeler man selbander sol mit einem leffel sufen niht; daz zimet hübschen liuten wol, den dicke unedellich geschiht."[169] Allgemein ist

---

162   Vgl. Spode (1994) S. 27.

163   Vgl. Schürmann (1994) S. 82.

164   Vgl. Ottomeyer (1993) S. 179.

165   Vgl. Elias (1998) Bd. I, S. 256-258.

166   Vgl. Schürmann (1994) S. 84.

167   Vgl. Schürmann (1994) S. 84/85.

168   Brock (1977) S. 541.

169   Siebert (1934) 196. Dazu die Übersetzung von Elias (1998) Bd.I, S. 434: „Kein vornehmer Mann soll zusammen / mit einem anderen vom selben Löffel schlürfen. / So gehört es sich für höfische Leute, / denen oft Unhöfisches zugemutet wird."

es üblich mit Hilfe eines Stückchen Brotes die Flüssigkeit aufzusaugen.[170] Die ersten Anzeichen für seinen allgemeinen Gebrauch bei Tisch finden sich im 14. Jh. Der schlicht hölzerne geschnitzte Löffel im Gebrauch der Armen, der reichlich mit Mustern verzierte bei den Reichen. Das Stielende ist bei letzterem mit Silber beschlagen oder gänzlich versilbert. Bei den ärmeren Schichten entfällt solch ein Luxus.[171] Ihr Eßgerät ist aus einfachen, weniger kostbaren Materialien hergestellt.

Der Gebrauch des Tellers ist anfänglich (16.Jh.) ebenfalls etwas gemeinschaftliches. Zwei Personen teilen sich meist einen Teller. In der Form ist er zunächst einem Holzbrett gleich, bestehend aus Holz oder Zinn.[172] Eine andere Alternative ist eine besonders harte, meist mehrere Tage alte Brotscheibe. Auf diese legt der Hungrige das Fleisch, zerteilt es mit Hilfe eines Messers und verzehrt es.[173] Die Brotscheibe und der hölzerne Teller stellen die beiden Unterlagen dar, auf denen Könige wie Bauern ihre Speise schneiden bzw. zum Mund führen. Von den Eßgerätschaften her unterscheiden sich die Gesellschaftsschichten des 16. Jh. damit nicht. Lediglich die Art des Materials derselben differiert. Sie macht den Standesunterschied aus.[174] Der runde Teller außen reich verziert und glatt im innern[175] erhält besagte Form in der angegebenen Periode.[176] Seine runde bis ovale Form verleitet den Soziologen G. Simmel zu der folgenden Interpretation: Der Teller ist mit seiner Rundform, der in sich geschlossenen Kreislinie durchweg individualistisch gestaltet. Seine Form ist ein für die jeweilige Portionsgröße ausschließlich angefertigtes Gebilde. Es symbolisiert eine auf den Einzelnen abgestimmte in gewissen Grenzen gehaltene und als ein auf den Service abgestimmtes Teilstück. Ein Teil eines geordneten Ganzen, welches in sich eine klar gegliederte Fläche (Eßfläche) und eine Umgrenzung (Tellerrand) aufweist.[177]

Der heutige zivilisiert essende Mensch ist dazu angehalten, beim Essen gerade zu sitzen und weder die Hände, noch die Arme auf den Tisch zu legen. In der linken Hand hält er die Gabel, in seiner rechten das Messer. Beide Eßinstrumente umfaßt er locker mit seinen Händen. Der Faustgriff ist untersagt. Im Zuge der Benutzung von Messer und Gabel darf er weder

---

170   Vgl. Wiegelmann (1967) S. 59.
171   Vgl. Zischka (1994) S. 68.
172   Vgl. Zischka (1994) S. 67/68.
173   Vgl. Paczensky / Dünnebier (1999) S. 312.
174   Vgl. Wiegelmann (1967) S. 60/61.
175   Vgl. Zischka (1994) S. 69.
176   Vgl. PaczenskyDünnebier (1999) S. 68.
177   Vgl. Simmel (1957) S. 247.

zu große Stücke abschneiden, noch die Gabel mit Nahrung überladen. „Das Zum-Munde-Führen des Bissens"[178] sollte diskret geschehen. Die Lippen sind beim Hineinschieben des Essens in den Mund nur mäßig geöffnet. Das Zubeißen selbst sollte keineswegs „schnappend" sein. Der Kauvorgang geht ohne Zähneklappern vonstatten. Falls es Suppe gibt, so ist diese mit einem Löffel zu essen. Schlürfen ist ebenso untersagt, wie das Tropfen oder Spritzen der Suppe vom Löffel. Am Schluß der Mahlzeit legt der Esser sein Besteck parallel auf die rechte Seite des Tellers. So sieht jeder, daß er seine Mahlzeit beendet hat. Aufgehoben wird die Tafel jedoch erst nach einem allgemeinen Konsens.[179]

3.3 Tafeln im Wandel der Gesellschaftsschichten

Bezog sich das bis hierher Gesagte auf das Tischgeschirr, das zunehmend durch neuaufkommende Eßgeräte im Wandel begriffen war, so ist nun das Landleben in seiner Struktur über die Jahrhunderte hinweg zu betrachten. Dabei spielt weniger das Eßgeschirr als eher die Kost, die bei der Mahlzeit gereicht wird, eine entscheidende Rolle.

3.3.1 Das Essen der Bauern und Bürger

Die Ernährungsgewohnheiten der ländlichen Bevölkerung verändern sich über Jahrhunderte hin kaum. Die Kost der einfachen Leute ist karg und eintönig. Dem Makel der Eintönigkeit wird mit Hilfe eigens vorgesehener Alltags- und Festspeisen entgegengewirkt. Die Jahreszeiten bestimmen welche Nahrungsmitteln auf den Tisch kommen und auch, wie viel die Familie zu essen hat. Zeiten des Überflusses und des Mangels wechseln sich ab.

Die Unterschiede in der ländlich bäuerlichen Kost erklären sich regional. Im Norden Deutschlands bilden beispielsweise Fleisch- und Gemüsespeisen die Hauptmahlzeit. Im 18.Jahrhundert[180] setzen sich im Süden Deutschlands die Mehlspeisen in Form von Suppen, Brei, Knödeln und Nudeln durch.[181] Das Fleisch kommt hier lediglich an kirchlichen Feiertagen, zum Teil auch am Sonntag auf den Tisch.

---

178   Rath (1984) S. 216.

179   Vgl. Rath (1984) S. 215/216.

180   Von Wiegelmann (1986) S. 335/336 wird das 18. Jh. als „Neuzeit der Nahrung" bezeichnet. Hier geht es um die durchschnittliche Land- bzw. Stadtbevölkerung, die als für Neuheiten anfällig in Frage kommt.

181   Vgl. Wiegelmann (1967) S. 55. Siehe auch Uffelmann (2000) S. 223.

Darüber hinaus weiß man wenig darüber, was die breite Bevölkerung ißt. Berichte existieren nur von Institutionen, die z.b. professionell Armenspeisungen organisierten.[182] Im Braunschweiger Armenhaus „Auf dem Klint" ergibt sich beispielsweise für den 1. September 1841 folgende Lebensmittelration für alle 47 Bewohner: 745g Kartoffel, 22g Schmalz, 11g Fett, Petersilien Suppenkraut.[183] Die besitzlosen Arbeiter, die hier versorgt werden, stehen am unteren Ende der Sozialskala. Ihnen kann jede Verbesserung der Situation recht sein, und so sind sie besonders offen für Neuheiten, auch auf dem Gebiet der Nahrungsmittel.[184] Dies gilt zudem für den neuen Typ des Arbeiterbauern, der durch die Tendenz zur Lohnarbeit im Europa des 18. Jahrhunderts sich bildet.[185] Bäuerliche Arbeit ist ihm noch nicht fremd. Er bewirtschaftet meist neben dem handwerklichen Beruf noch ein Stück Land. Aus diesem Grund ist es nicht einfach festzustellen, worin der Haupterwerb und auch der Hauptbezugsort liegt.[186] Den Arbeiterbauern sind finanziell die Möglichkeiten gegeben, von ihrem Verdienst Kaffee, Tee und Frischfleisch zu kaufen. Das sind Luxusgüter zur damaligen Zeit, deren Aufnahme in das ländliche Nahrungsmittelspektrum durch Kontakte zur Stadt beschleunigt werden. Die Erwerbsarbeit der Ehefrau in einem bürgerlichen Haushalt verschnellert die Aufnahme dieser Nahrungsmittel in die dörfliche Kost ebenfalls.[187]

Die Grenzen der traditionellen ständischen Gesellschaft werden durchlässig und weichen auf. Eine neue Schicht, das Bürgertum, beginnt sich zu formieren. Dem Bürgertum gehören der Kleinhändler und Handwerker ebenso an, wie Kaufleute und Unternehmer, Lehrer ebenso wie Professoren, der Staatsbeamte ebenso wie der Beamte bei der Post.[188] Eine Mittelschicht entsteht, die sich zwischen Adel und Bauernstand schiebt. Eine erste Begriffsdefinition ist im Allgemeinen Landrecht für die Preußischen Staaten von 1794 zu finden. Im § 1 heißt es dort: „Der Bürgerstand begreift alle Einwohner des Staats unter sich, welche ihrer Geburt nach, weder zum Adel, noch zum Bauernstand gerechnet werden können; und auch nachher keinem dieser Stände einverleibt sind."[189] In der so gefaßten Definition des Bürgertums spiegelt sich auch das wieder, was sich ebenfalls im

---

182 Vgl. Zischka (1994) S. 177.

183 Vgl. Teuteberg (1993) S. 299-301.

184 Vgl. Wiegelmann (1976) S. 123.

185 Vgl. Siemann (1990) S. 10.

186 Vgl. Henning (1977) S. 157.

187 Vgl. Wiegelmann (1976) S. 14.

188 Vgl. Siemann (1990) S. 145/146.

189 Allgemeines Landrecht für die Preußischen Staaten von 1794, S. 452.

Eßverhalten des Bürgers abzeichnet. Der neu aufkommende Stand sucht erst noch seine spezifische Identität.

Oft sind die bürgerlichen Kreise wohlhabend. Johann Heinrich Voss gibt 1778 in „Der Abendschmaus" ein Beispiel davon: Ein Pächter wird „nur auf ein Butterbrot ... und ein Gerichtlein"[190] eingeladen, beschreibt die Tafel aber wie folgt:

„Sechs Gerichte standen an jeglichem Ende der Tafel
Zierlich gestellt, die kalt, und jene brätelnd auf heißen
Silbergefaßten Scheiben von Marmor; neben dem Aufsatz
Standen französische Frücht` und Salate, Trabanten des Bratens."[191]

Hier gibt die Nahrung einem luxuriösen Lebensstil Ausdruck. Das Bürgertum identifiziert sich zusehends mit dem Adel, zu den unteren Schichten übt es hingegen Distanz. Im Verlauf eines hier nicht näher zu erläuternden Prozesses löst sich die Ständegesellschaft auf. Die damit verbundenen Privilegien betreffs der Nahrungsauswahl entfallen. Die Ressourcen sind nun für alle zugänglich. Der damit einhergehende steigende Konsum wirkt sich auf doppelte Art und Weise auf die Gesellschaft aus. Zum einen bewirkt er ein rascheres Absinken der Sozial- und Mahlzeitenskala und damit eine raschere Übernahme oberschichtlicher Mahlzeitenelemente durch niedere Schichten. Zum anderen kommt es zu einer Variation der Zubereitungsweisen, da mehr gekauft und daher häufiger von den betreffenden Nahrungsmittel gegessen wird.[192] Eine Erleichterung, vorhandene Nahrungsmittel besser zu nutzen, bieten die Errungenschaften der industriellen Revolution, die im nächsten Kapitel zur Sprache kommen.

3.3.2 Die Errungenschaften der industriellen Gesellschaft

In Deutschland beginnt jene Periode Anfang des 19.Jahrhundert.[193] Der Hunger, bis dahin ständiger Begleiter vieler Menschen, kann jetzt zunehmend überwunden werden.[194] Ein Erfolg, der nicht zuletzt der Erfindung der Getreidemühle zu verdanken ist. Das Korn wird ohne Keim gemahlen, dank des Einsatzes einer Porzellanwalze. Dadurch ändert sich die Ernäh-

---

190 Schwendter (1995) S. 54.

191 Voss (1967) S. 25.

192 Vgl. Wiegelmann (1986) S. 329/330.

193 Vgl. Meyers Kleines Lexikon Geschichte (1987) S. 210.

194 Vgl. Teuteberg (1986) S. 353. „Exakt", so Wiegelmann (1967) S. 65, „läßt sich der Beginn der Technisierung in der Speisenherstellung mit dem Jahr um 1850 angeben."

rungssituation. Das Weißbrot wird allen zugänglich.[195] Zudem steigt der Fleischkonsum aufgrund der Erfolge in der Viehzucht ebenso, wie aufgrund technischer Neuerungen.[196] Das Fleisch bzw. die Wurst werden von jetzt an in Konservendosen angeboten. Eine Erfindung des Franzosen Appert. Ihm ist die Haltbarmachung unterschiedlicher Nahrungsmittel in Gläsern und Flaschen durch Luftabschluß und Erhitzen gelungen. Die Fähigkeit, die Jahreszeiten gleichsam in Flaschen festzuhalten[197], bringt spezielle Gläser (später Einweckgläser genannt) von der Firma Weck hervor. Die „Verwissenschaftlichung der Ernährung"[198] beginnt.

Eine weitere, auf gegenseitigen Nutzen ausgerichtete Verbindung, ist jene, zwischen Ernährungswissenschaft und Ernährungsindustrie. Verdeutlichen läßt sich dieses anhand des Fleischextraktes.[199] Jenem von Justus von Liebig unter Vorarbeit seines Schülers Max von Pettenkofer erfundenen Verfahren zur Haltbarmachung von Fleisch. „Zerkleinertes Fleisch wird in Druckkesseln ausgelaugt, unter Vakuum (bei niedriger Temperatur) zur Paste eingedampft und in Kleinpackungen abgefüllt".[200] Es erscheint deshalb als durchaus richtig, diese Zeit mit Teuteberg als „Periode der Nahrungsrevolution"[201] zu bezeichnen. Als Folge dieser zunehmenden Technisierung und Industrialisierung bildet sich eine neue Sozialschicht heraus, die der Fabrikarbeiter.[202] Der Name vereint alle wirtschaftlich unselbständigen Personen.[203] Sie rekrutieren sich aus den nun in der Fabrik beschäftigten Handwerksgesellen und den sehr selten vorkommenden, qualifizierten Facharbeitern.[204] Die Arbeit in den Fabriken fordert eine der größten Umstellungen in der Ernährungsweise der unteren Schichten.[205] Entscheidend dafür ist die Trennung von Wohnort und Arbeitsplatz. Hier ist insbesondere das Mittagessen von Bedeutung.[206] Es stellt eine Unterbrechung

---

195 Vgl. Montanari (1999) S. 184.

196 Montanari (1999) nennt auf S. 186 eine Zahl zwischen 14 und 20 kg pro Kopf.

197 Vgl. Teuteberg, (1986) S. 292.

198 Prahl/Setzwein (1999) S. 48.

199 Vgl. Teuteberg, (1986) S. 293.

200 Zischka (1994) S. 520.

201 Teuteberg (1976) S. 282.

202 „Gewerbliche Arbeiterschaft" wie Henning (1977) auf S. 172 diese Gruppe nennt.

203 Henning (1977) S. 172.

204 Vgl. Henning (1977) S. 172/173.

205 Vgl. Teuteberg (1972) S. 75.

206 Vgl. Fielhauer (1986) S. 165.

des langen, meist monotonen zehn bis zwölf stündigen Arbeitstages dar.[207] Orte zur Essenseinnahme gibt es nun mehrere. Zum einen die heimische Küche, zum anderen naheliegende Kneipen und schließlich eigens vom Betrieb eingerichtete Speiseräume. Jene Betriebskantinen, oft ein getünchter Kellerraum oder ein ehemaliger Pferdestall, sind meist auf Arbeitsstellen in ländlich abgelegenen Bezirken zu finden. Des weiteren stehen Volksküchen und Suppenanstalten, deren eigentlicher Zweck die Armenspeisung ist, zur Verpflegung der Arbeiter zur Verfügung, bzw. werden von diesen ausgiebig in Anspruch genommen.[208] Es ist noch ein weiter Weg, ehe sich die Massenverpflegung tatsächlich etabliert. Der Lauf der Maschine läßt keine langen Pausen zu. So muß das „Wurstende, das Stück Speck und der Schluck aus der flachen Brandweinflasche (gelegentlich auch „ Flachmann" genannt, weil man die Flasche so besser in der Rocktasche tragen konnte)"[209] Frühstück und Mittagessen des Industriearbeiters ersetzen.

Die genannten Erfindungen verdeutlichen den Zusammenhang von technischen Neuerungen, neuen Erkenntnissen in der Ernährungswissenschaft (so etwa die Entdeckung der Vitamine: Lavoisier weist nach, daß Menschen und Tiere Verbrennungsmaschinen sind)[210], Maschineneinsatz und neue Energien (vgl. die Erfindung der Dampfmaschine)[211], die sie antreiben. Hinzu kommt die Kommerzialisierung der Landwirtschaft als Folge veränderter Gesellschaftsstrukturen (liberale Gesetzgebung, Aufhebung der Zünfte) und die Trennung der Wohn- und Arbeitsstätte.[212]

3.4 Zusammenfassung

Wie sich an der Geschichte der Ernährung gezeigt hat, wandeln sich die Inhalte der drei für diese Arbeit in Kapitel 4 noch anzusprechenden zentralen Begriffe: Tabu, Verbot und Meidung. Das Mittelalter mit seinem gefahrvollen Leben hinterläßt dementsprechend raue Umgangsformen der Menschen untereinander. Der Einzelne ist im täglichen Kampf ums Überleben ganz auf sich alleine gestellt. Sein Verhalten ist stark trieborientiert. Störendes, unangebrachtes oder Mißfallen erregendes Verhalten, kurz ta-

---

207 Teuteberg (1972) S. 75.

208 Vgl.Prahl/ Setzwein (1999) S. 45.

209 Vgl. Teuteberg (1972) S. 75/76.

210 Vgl. Tannahill (1973) S. 385.

211 1705 die atmosphärische Dampfmaschine erfunden von Thomas Newcomen. Vgl. Propyläen Weltgeschichte (1960) Bd. 7, S. 665.

212 Vgl. Teuteberg (1986) S. 293/294.

buisierte Benehmensweisen, sind noch nicht in der Psyche des einzelnen Menschen verankert. Das Tabu noch weitgehend unbesetzt, außer jene den religiösen Kontext betreffende Vorschriften. Zuzeiten Erasmus von Rotterdams, in der die ersten Manierenschriften Veröffentlichung finden, ändert sich das Verhalten der Menschen. Eine Verhaltensänderung, die sich insbesondere auf das Benehmen bei Tisch bezieht. Beim gemeinsamen Mahl beäugt jeder seine Tischnachbarn. Peinliches und schamhaftes Verhalten wird, den Benimmbüchern entsprechend, geahndet. Tabu ist, was dem Nachbarn am eigenen Verhalten stören könnte. Die höheren Stände diktieren in dieser Ständegesellschaft den Verhaltensstandart. Gute Umgangsformen gelten bis in das 18. Jh. hinein als gehobener Stand. Entsprechend kennzeichnen gewöhnliche Manieren den niederen Stand.

Mit dem Industriezeitalter verlieren die standesbezogenen Umgangsformen ihre Bedeutung. Von nun an bestimmt der Stand der Technik den Arbeitsablauf und die Mahlzeiten. Für tabu erklärt wird immer noch mißfallenerregendes Verhalten. Ein bisweilen vernachlässigter Faktor kommt hinzu, das Umfeld. Letzteres prägt unter anderem die Verhaltensweisen der Menschen bei Tisch. Die Nahrungsaufnahme mit Messer und Gabel für den vornehmen Menschen ein Muß, kommt allmählich in den allgemeinen Gebrauch. Das Tabu beschreibt jetzt ein für einen bestimmten Ort in Gesellschaft vieler Personen despektierliches Verhalten. Religiöse oder standesorientierte Gründe wie zuzeiten des Mittelalters entfallen. Der Gast beim Dinner benutzt wie selbstverständlich Messer und Gabel, während der Arbeiter sein Wurstbrot auf die Hand nehmen darf. Für unangemessen erklärtes Verhalten ist jenes, was beim Mitmenschen Aufsehen erregt. Als Einschränkung sind hier die Privatsphäre betreffende Gewohnheiten, die nicht in die Öffentlichkeit getragen werden, zu nennen. Der verindustrialisierte Mensch entwickelt zunehmend Individualität in seinem Verhalten. Er grenzt sich mittels individuell angeeigneter Verhaltensmuster von seinen Mitmenschen ab. Rückbezüglich auf die Nahrungsmeidungen bedeutet dies eine individuellere Setzung derselben.

Das Ergebnis des sozialgeschichtlichen Überblicks, das eine Entwicklung hin zu zunehmender Individualisierung und äußerer Reglementierung zugleich wiederspiegelt, wird im weiteren in Hinblick auf eben solche Regulierungsformen des Eßverhaltens genauer differenziert werden.

4. Gesellschaftliche Regulierungsformen des Eßverhaltens

Die Zivilisationstheorie N. Elias`, hat sich als Deutungsparadigma bewährt. Sie weist auf die Normen hin, die erstmals in Benimmbüchern für die mittelalterlich-europäische Oberschicht Erwähnung finden.[213] Hier werden die Menschen sozial und physisch auf das richtige, sprich normgerechte Essverhalten, festgelegt. Ernährung und soziale Normen stehen so miteinander in enger Verbindung. Normierungen jeglicher Art, von der Zubereitung bis hin zum Verzehr, Tischsitten eingeschlossen, prägen die kulturelle Art der Nahrungsauswahl. So sind die Produkte, die als genießbar oder ungenießbar eingeordnet werden, verbindlichen Standards unterworfen. Sie bekommen damit zugleich eine bestimmte Funktion im Selbstverständnis der Gesellschaft.[214]

Das zeitlich differente Eßverhalten ist demnach das Ergebnis eines komplexen Sozialisationsprozesses, die Über-Ich-Entwicklung[215] eingeschlossen. Eine zunehmende Kontrolle von Affekten und Trieben resultiert aus einer langsamen Umstrukturierung der Gesellschaft.

Im folgenden Abschnitt geht es zunächst um die Frage, was eine Norm zu einer solchen werden läßt. Daran schließt sich eine Abhandlung über die Hauptbegriffe der vorliegenden Arbeit, Tabu, Verbot und Meidung, an. Innerhalb dieses Abschnitts ist auch auf die Definitionen der einzelnen Autoren, aus den in Kapitel 2 angeführten soziologischen Richtungen, näher einzugehen.

4.1 Nahrungsauswahl als gesellschaftliche Norm

Normen sind mehr oder weniger verbindlich für menschliches Handeln. Sie legen Verbote sowie Gebote fest. Zudem bewerten Normen Verhalten.[216] Sie sind demnach Regeln für bewußtes Handeln, also Verhaltensvorschriften oder genauer gesagt, setzen sie eine bestimmte Verhaltenserwartung, die eine Forderung impliziert.[217]

---

213   Vgl. Paczensky/Dünnebier (1999) S. 331.

214   Vgl. Prahl/Setzwein (1999) S. 89.

215   Zum genannten Sachverhalt siehe Abschnitt 2.1.

216   Vgl. Spittler (1967) S. 12-14.

217   Vgl. Lautmann (1969) S. 54.

Je nach Stärke, mit der auf die Einhaltung der Norm gedrungen wird, kann man mit Max Weber zwei Gruppen unterscheiden.[218] Die erste umfaßt die „formellen Normen." Hierzu gehören alle Vorschriften, die positiv kodifiziert vorliegen und rechtlich gehandhabt werden können. Die Sanktionsbereitschaft bei Übertretung ist in diesem Bereich entsprechend hoch. Die andere Gruppe umfaßt die für die Untersuchung besonders entscheidenden „informellen Normen." Hierunter fallen solche Verhaltensreglementierungen, die entweder ohne jegliche äußerlich garantierte Regeln den Einzelnen als Glied einer Gesellschaft(schicht) mit bestimmten Wertvorstellungen innerlich prägen (Sitte und Brauch im Sinne Webers) oder aber trotz breiter gesellschaftlicher Akzeptanz im Äußeren nur eine lose fixierte Form aufweisen (Konventionen).[219]

Eine Norm muß also keinesfalls die Form eines positiv festgeschriebenen Rechts haben. Es wird niemand von offizieller Seite aus bestraft, wenn er sich an eine informelle Norm nicht hält. Dennoch liegt es im Interesse des Handelnden, daß er sich an ihr orientiert. In dem Moment, wo er sozial unangepaßt agiert und sei es allein dadurch, daß er gegen die „Regelmäßigkeit der Einstellungen sozialen Handelns"[220] (den Brauch) verstößt, muß er kleinere bzw. größere Unzulänglichkeiten von seiten der anderen Teilnehmer des Handlungssystems in Kauf nehmen.

Das normenkonforme Verhalten ist somit einigen Erwartungen ausgesetzt. Diese können dann enttäuscht werden, wenn der Handelnde zum einen den an ihn gerichteten Erwartungen nicht gerecht zu werden vermag. Zum anderen, wenn er die Erwartungen an die Handlungen anderer Personen in seine eigene Erwartungsstruktur mit einbezieht, diese aber von jenen nicht erfüllt werden. Damit die Last der Enttäuschung in dem einen oder anderen Fall nicht ganz so groß ist, muß sich der Handelnde für ein Festhalten oder ein Aufgeben seiner oder der an ihn gerichteten Erwartungshaltung entscheiden. Lernen oder Nichtlernen ist hier die Strategie.[221]

Die Gesellschaft wacht darüber, daß jedes ihrer Mitglieder seiner Rolle entsprechend handelt. Um dies zu erreichen, erteilt sie ihren Möglichkeiten entsprechend Sanktionen.[222] Dies ist eine Folgereaktion auf eine Abweichung von den erwarteten Normen konformen Verhaltens. Hierdurch wird demonstriert, daß Verhaltensabweichungen gesellschaftlich nicht geduldet

218   Vgl. Weber (1972) S. 24
219   Weber (1972) S. 21/22. Formelle u. informelle Norm siehe Normmatrix nach Lammek (1993) S. 23.
220   Weber (1972) S. 21.
221   Vgl. Luhmann (1969) S. 34.
222   Vgl. Dahrendorf (1977) S. 37.

werden.[223] Die Art der Sanktionen ist zweigeteilt. Sie können positiver (Belohnung Normen konformen Verhaltens) wie negativer Natur (Bestrafung abweichenden Verhaltens) sein. In beiden Fällen steht die Einhaltung der Norm an erster Stelle.[224] Um sie näher differenziert betrachten zu können, werden von der (Ernährungs-) Soziologie die im folgenden Abschnitt behandelten Termini eingeführt.

4.2 Begriffsbestimmung von Tabu, Verbot und Meidung

Was von den Menschen als Nahrung angesehen wird und was nicht, ist, wie gezeigt, das Ergebnis „sozialer Codierungen."[225] Die Auswahl der Dinge, die zur Ernährung geeignet bzw. ungeeignet sind, wird von kulturellen Vorstellungen geleitet. Gesundheitliche Aspekte und Nährwert zählen ebenso dazu, wie die Bekömmlichkeit und das Aussehen der Nahrungsmittel. Das Ernährungswissen leitet die Vorstellungen über jene Lebensmittel, deren Genuß die Menschen bevorzugen bzw. die sie vom Speisezettel streichen oder gar nicht erst zum Verzehr in Betracht ziehen. Zugleich ist die Nahrungsauswahl von sozialen Normen abhängig. Die Zusammenstellung der Speise, die Größe der Portion, die Auswahl eines Gerichtes, sie alle bestimmen die Einschränkungen im Bereich der Mahlzeit.

Der Nährstoffgehalt eines Nahrungsmittels sagt nicht immer etwas über dessen Verzehrstauglichkeit aus. Umgekehrt ist ein für die Deckung des Nahrungsmittelbedarfs geeignetes Lebensmittel aufgrund seines Kaloriengehalts nicht oder nur eingeschränkt für den Verzehr geeignet. Eßbar oder nicht eßbar, diese in einer jeden Kultur gültige Distinktion regelt im wesentlichen die Nahrungsauswahl.[226] Diesbezüglich finden die drei für diese Arbeit zentralen Begriffe Tabu, Verbot und Meidung Anwendung. Selbige sollen nun auf der Basis des bisher Erörterten definiert werden.

Der **Tabu**begriff versucht Norm und Verbot zu verbinden. Er umgreift zwei entgegengesetzte Tendenzen. Er beschreibt Dinge als gefahrvoll und unbedingt vermeidbar. Daneben aber bereichert er auch das, was als achtbar und verehrungswürdig zu betrachten ist. Die damit getroffene Auswahl ist für alle Teilnehmer der Kommunikationsgemeinschaft verbindlich. Sie kommt den kulturellen Vorstellungen nahe[227], die wiederum in Regeln zu-

---

223 Vgl. Spittler (1967) S. 23.
224 Vgl. Popitz (1980) S. 22.
225 Setzwein (1997) S. 11.
226 Vgl. Prahl/Setzwein (1999) S. 89.
227 Vgl. König (1965) S. 494.

sammengefaßt sind.[228] Außerdem beinhaltet das Tabu eine Schutzfunktion. Zum einen werden Personen in der Tabugemeinschaft vor Gefahren geschützt, zum anderen schützt das Tabu die gesamte betreffende Gruppe.[229] Tabus können die Manifestation einer „geheimnisvollen Kraft (Mana)"[230], die von Personen oder Dingen ausgeht, sein. Sie sind damit unmittelbarer oder vermittelter Art. Die Kraft, aus der heraus sich das Tabu beschreibt, ist damit entweder direkt erworben oder von Priestern, Häuptlingen oder einer anderen Person übertragen.[231]

Die alles beschreibende Kraft eines Tabus ist das oben genannte „Mana". Es ist eine eigenartige Zauberkraft, die Personen und auch Geistern anhaftet. Jene Kraft kann durch tote Materie hindurch übertragen werden. Wer oder was mit ihr in Berührung kommt, erfährt unter Umständen dessen unheilvolle Wirkung. Personen mit besonderer Position, wie Priester oder Könige, sind Inhaber dieser furchtbaren mit Unheil verbundenen Kraft. Für ihre Untergebenen kann ihr Mana gefahrvoll sein, daher ist für den Kontakt mit ihnen ein Mittelsmann (höherer Beamter oder ähnliches) notwendig. Kommt tatsächlich eine Person (versehentlich) mit einer anderen tabuierten, manabesetzten Person in Berührung, so ist eine besondere Zeremonie (eine sog. Sühnezeremonie) zur Reinigung notwendig.[232]

Der Ursprung des Wortes Tabu ist in der polynesischen Sprache zu finden. Dort heißt es „tapu" oder „tafu", manchmal auch „tambu" oder „tampu."[233] Sigmund Freud übersetzt den Tabubegriff mit „heilige Scheu". In dieser Bezeichnung verbinden sich die Faszination am Heiligen und die Angst vor dem Verbotenen.[234] „Ehrfurcht und Abscheu"[235] wie man auch sagen kann, gehen so im Tabubegriff eine untrennbare Verbindung ein.

Tabus erklären sich aus sich selbst heraus.[236] Jenen Personen, die mit dem Tabu täglich umgehen, unter dessen Herrschaft sie stehen, erscheint das Tabu als eine Selbstverständlichkeit.[237] In der von M. Weber aufgestellten Begriffsreihe fällt das Tabu entsprechend unter die Konvention. Allgemein

---

228   Vgl. Barlösius (1999) S. 92.
229   Vgl. Huber/Feldheim (1972) S. 314.
230   Freud (1940) S. 27.
231   Vgl. Freud (1940) S. 27.
232   Vgl. Freud (1940) S. 29.
233   Huber/Feldheim (1972) S. 313.
234   Freud (1940) S. 26.
235   Setzwein (1997) S. 22.
236   Vgl. Prahl/Setzwein (1999) S. 92.
237   Vgl. Freud (1940) S. 27.

ist für den Tabubegriff die Stärke der Sanktionen bei Übertretung besonders hoch. Das Tabu ist daher das wirkungsstärkste der drei genannten Begriffe.[238]

Bei den **Verboten** handelt es sich „um äußerliche, quà Macht vorgenommene Setzungen".[239] Die ausführenden Organe sind hierbei staatlicher oder privater Art. Eine Unterscheidungsmöglichkeit bietet sich somit über die normgebende Instanz. Während die Unterlassungsregeln beim Tabu vom Einzelnen in der Gemeinschaft verinnerlicht sind, gibt es bei den Verboten eine äußere Instanz, die vorschreibt, was zu tun oder zu unterlassen ist, ohne nach der persönlichen Akzeptanz des Verbotenen überhaupt zu fragen. Verbote gehören demnach in die Sphäre des Rechts.

Auf eine persönliche Akzeptanz des äußeren Rechts zielt aber das Tabu. Aufgrund der Aneignungsstruktur umfaßt es, so läßt sich nun sagen, auch das Verbot.[240] Es kann aufgrund der Selbstverständlichkeit seiner Befolgung als spezielle Art eines Verbots aufgefaßt werden.[241] Beide Begriffe werden daher in dieser Hinsicht oft bedeutungsgleich verwendet, sollen aber in vorliegender Untersuchung nach ihren spezifischen Momenten hin getrennt betrachtet werden.[242]

Die **Meidung** unterläuft gewissermaßen die Zwangsstrukturen von Verbot und Tabu. Die Nahrungsmittel, die von einigen in der Gesellschaft oder ganzen Gesellschaftsgruppen aufgrund der mit ihnen verbundenen gedanklichen Verknüpfungen abgelehnt werden, die jedoch wegen ihrer möglichen Eßbarkeit nicht ausdrücklich verboten sind, werden gemieden.[243]

Nicht jedes Tier, jede Pflanze oder sonstige Naturerzeugnisse werden von den Menschen als eßbar angesehen, auch wenn sie es biologisch betrachtet wären. Anders herum weist nicht jedes Lebensmittel einen für den menschlichen Organismus brauchbaren Nährwert auf. Die Kriterien dessen, was als Nahrung ganz oder in bestimmter Zubereitungsweise gemieden wird und was nicht, sind nicht nur subjektive, sondern u.a. in der Art des Garens, dem Zeigen der fertigen Speise sowie der Verzehrssituation

---

238   Vgl. Prahl/Setzwein (1999) S. 93.

239   Prahl/Setzwein (1999) S. 93.

240   Vgl. Setzwein (1997) S. 24.

241   Vgl. Freud (1940) S. 30.

242   Laut Setzwein (1991) S. 21 geschieht das immer dann, „wenn keine weiteren Erklärungen abgegeben werden sollen."

243   Vgl. Prahl/Setzwein (1999) S. 94.

auch selbst „generalisierte Verhaltenserwartungen."[244] Die Meidung fällt im Schema Webers zwischen die Sitte und die Konvention. Von daher ergibt sich auch von ihr aus eine Affinität zum Tabu, wobei es sich durch den geringeren Grad an Äußerlichkeit von ihm unterscheidet. Die Meidung muß stärker vom Einzelnen im Kontext seiner Bezugsgruppe verantwortet werden.

Die Vorstellung solcher Normierungen ist aber nicht willkürlich gewählt, sondern an Zwangsstrukturen gebunden, die an dieser Stelle erörtert werden sollen. Das Tabu beschreibt primär einen Selbstzwang. Damit einhergehend ist es ein gesellschaftlich ausdrücklich erwünschtes Verhalten. Die Tabuerkennung äußert sich im psychischen Apparat des einzelnen Menschen, im Sinne eines von ihm aus gesteuerten Verhaltens.[245]

Die Definition eines Verbotes als einen von außen auferlegten Zwang schließt sich an den Selbstzwangmechanismus an. Dieser Fremdzwang erlaubt einen reibungslosen Ablauf des sozial erwünschten Verhaltens.[246]

Die Meidung hingegen appelliert hauptsächlich an das Schamgefühl des Einzelnen. Dieses produziert sich in einer Art wiederkehrender Angst. Letztere bezieht sich etwa auf gewisse Assoziationen gegenüber bestimmten Nahrungsmitteln.[247]

In der Soziologie wird der Tabubegriff zumeist seiner Wirkmächtigkeit entsprechend so gefasst, daß er das Verbot und die Meidung mit einschließt. Dennoch wird auch er keineswegs einheitlich definiert. Die oben besprochenen Theorierichtungen vertreten je unterschiedliche Ansichten über dessen Bestimmung.

Zunächst die sozio- und psychogenetische Sichtweise. Nach dem bekanntesten Vertreter dieser Richtung N. Elias beruht das Tabu auf verhaltensbedingten (Klassen)unterschieden. Letztere weisen auf verstärkte Triebmodellierung, Zurückhaltung peinlicher Verhaltensformen sowie einer Übernahme von mit höherem Prestige beladenen Verhaltensmustern hin.[248]

Eine, auf ihm in soziologischer Richtung basierende Definition, ist die von Stephan Mennell. Er begreift Tabus als ein auf Macht beruhendes System. Dieses befindet sich zumeist im Gleichgewicht, gelegentliche Schwankungen inbegriffen. Das bedeutet: Wandlungen betreffs des Tabus, die in eine

---

244 Prahl/Setzwein (1999) S. 89.
245 Vgl. Elias (1998) Bd.I, S. 296.
246 Vgl. Elias (1998) Bd. I, S. 265.
247 Vgl. Elias (1999) Bd. II, S. 408.
248 Vgl. Elias (1999) Bd. II, S. 355.

bestimmte Richtung zielen, sind zumeist langfristiger Natur.[249] Mit dem Tabu geht ein beachtliches Machtpotential einher. Letzteres wird je nach schwere desselben unterschiedlich wirkungskräftig. Kulturell bedingtes Machtpotential ist jedem Tabu innewohnend. Es ist diese „Quantum-Theorie des Tabus"[250], die auf gesellschaftlich bedingte Unterschiede dessen, was tabuisiert wird, aber auch auf kulturell gewachsene Differenzen, eingeht. Tabuierungen sind demnach als Grenzen beschreibende Phänomene einer jeden Gesellschaft zu deuten. Allen Tabus, die bei Menell mit Vermeidung gleichbedeutend sind, liegen demnach die gleichen verursachenden Prinzipien zugrunde. Ihre Ausprägung innerhalb der Gesellschaft ist jedoch unterschiedlich. Demzufolge ist die Beweisbarkeit der vorgestellten Theorie zwar gegeben, sprunghafte Veränderungen können jedoch nur gemäß ihrer Voraussagbarkeit als Stützung der „Quantum–Theorie"[251] gelten.

Tabus sind oftmals sehr emotionsbeladen. Das ergibt sich aus dem Ineinander zwischen Furcht vor etwaigen Strafen bei Übertretung und der Scheu gegenüber dem tabuisierten Gegenstand. Dem Tabu liegt demnach eine negative Erfahrung zugrunde. Der Anhaltspunkt dafür liegt auf dem dem Handeln inhärenten Selbstverständnis, dieses oder jenes nicht zu tun.[252] Als genießbar gilt für den Allesesser Mensch demnach all das, was er selbst als für sich als eßbar ansieht. Vermieden wird also, was dem abträglich ist, bzw. was der einzelne Mensch für abträglich hält.[253] Dieses bedeutet, nach M. Douglas, eine der führenden Vertreterinnen des Strukturalismus, den Ausschluß der Nahrungsmittel, die den eigenen Körper in seiner Funktion beeinträchtigen.[254] Dazu zählt das, was beschmutzt, verunreinigt oder verdorben ist. In dieser Hinsicht kommt der positive Aspekt des Tabus zum Tragen, der Schutz. Es gilt, eine Ordnung positiv aufrecht zu erhalten und sie entsprechend den kulturellen Vorstellungen zu gestalten.[255]

Zugleich tritt in der strukturalistischen Sichtweise der symbolische Aspekt des Tabus hervor. (Eß)-Tabus implizieren ein kollektiv auszudrückendes Selbstverständnis, eine symbolgeleitete Ordnung.[256] Sie findet sich in dem

249   Vgl. Mennel (1988) S. 35.
250   Mennel (1988) S. 372/373.
251   Mennel (1988) S. 373.
252   Vgl. Penning (1984) S. 285/286.
253   Vgl. Barlösius (1999) S. 91.
254   Vgl. Douglas (1972) S. 79.
255   Vgl. Douglas (1985) S. 13.
256   Vgl. Eder (1988) S. 103. Tabus können somit als kollektive moralische Empfindungen einer Gesellschaft aufgefaßt werden.

unseren Ernährungssystem zugrundeliegenden Wertvorstellungen, Normierungen und Konventionen, die über Ablehnung bzw. Annahme von Lebensmitteln als eßbar entscheiden.[257]
Zudem prägen rationale Überlegungen wie der praktische Nutzen ausge-
wählter Nahrungsmittel ihren Ausschluß. Der Vorteil einer auf diesem
Kriterium basierenden Tabuisierung liegt in der Einfachheit dieses Denk-
musters. Demnach erklären sich Nahrungsmittelablehnungen aus einer
Abwägung etwaiger wirtschaftlicher Vorteile, das heißt einer Kosten-
Nutzen Rechnung für das betreffende Lebensmittel. Das Tabu erscheint
nach dem rationalen Ansatz von M. Harris als ein denkgesteuertes Phänomen. Seine Erklärbarkeit unterliegt genannten Kriterien, soweit sich dieses
Phänomen überhaupt erklären läßt und kann nicht als Zufallserscheinung
oder Willkürsetzung abgetan werden.[258] Die Tabuhandlung beschreibt sich
soziologisch selbst als eine aus der Gewohnheit heraus vermiedene Handlung. Sie läßt sich zudem in die Kategorie einer Gruppe anderer Handlungen, mit denen sie eine Reihe von Gemeinsamkeiten hat, einordnen. Eine
derartigen Einsortierung wiederum kann als Institutionalisierung beschrieben werden. Sie macht sich an Merkmalen wie Traditionsbewußtsein und
sozialer Kontrolle fest. Tabuierung erscheint demnach als gesellschaftliches Negativum gewisser (psychischer) Konstellationen.[259]

In dem Vorangegangenen ist lediglich das Tabu zur Sprache gekommen.
Das kommt daher, daß die übrigen Begriffe, das Verbot und die Meidung,
meist nicht gesondert behandelt werden. Dieses bedeutet jedoch nicht, daß
jene zu vernachlässigen sind. Es heißt vielmehr, daß alle genannten Autoren im Tabubegriff eine Meidung oder ein Verbot oder sogar beides mit
impliziert sehen. Der Tabubegriff greift somit über die beiden anderen Re-
gulierungsbegriffe durch die erwähnte Aneignungsstruktur und die in ihm
so gegebene Verbindung von Objektivität und Subjektivität hinaus.

Die herausgehobene Stellung des Tabus soll im weiteren ernst genommen
werden, soweit sie in der gegebenen Definition begründet liegt. Zugleich
aber will folgende Arbeit dem undifferenzierten Gebrauch der drei Begriffe dadurch entgehen, daß sie ihnen jeweils unterschiedliche Beispiele zu-
weist, um sie so in ihrem Eigengehalt ebenso zu erfassen, wie in ihrer
letztendlichen Verflochtenheit ineinander. Deshalb geht die Betrachtung
der Regulierungsphänomene vom Tabu (Kapitel 5) aus, um dann zu Verbot
und Meidung (Kapitel 6 u.7) fortzuschreiten.

---

257   Vgl. Tolksdorf (1975) S. 91.
258   Vgl. Harris (1988) S. 8-11.
259   Vgl. Berger/Luckmann (1970) S. 58/59.

54

Die Einhaltung kultureller Mechanismen zur Durchsetzung von Tabu, Verbot und Meidungsvorschriften im Bereich der Eßkultur gelten, sowohl für den einzelnen Esser, als auch für die Tischgemeinschaft.

4.3 Grundmodell der Mahlzeitdeklaration

Das Bild des einzelnen Essers ist ebenso, wie die gesellschaftlichen Ansichten über ihn, im historischen Teil (Kapitel 3) erörtert worden. An dieser Stelle geht es nun primär um das Essen in der Gemeinschaft und deren unterschiedliche Entwicklungsstufen.

U. Tolksdorfs Ansatz begreift die Nahrungsaufnahme als eine Form sozialen Handelns. In Anlehnung an T. Parsons (siehe auch dazu Kapitel 2.1) sieht auch er in der Ernährung ein Handlungssystem. Letzteres dient dem Menschen als Forum um seine überlieferten und erlernten Handlungen auszuführen. Damit einher geht die Fragestellung, wonach der Einzelne während der Nahrungsaufnahme strebt. Essen und Trinken läßt sich so gesehen als Form eines Operationsgefüges beschreiben, das sozialen Austausch und Regelungen beinhaltet. Das Ernährungssystem ist darüber hinaus, wie zuvor gezeigt, ein kulturales. Es bewertet menschliches Handeln. Im bezug auf die Nahrungsmittel bedeutet das, daß Nahrungsauswahl als Ergebnis dieses am System orientierten Handelns ein kulturell wie sozial geprägter Vorgang ist. Zwischen der Nahrung und dem Bedürfnis, den Hunger zu stillen, setzt der Mensch, wie erwähnt, die Küche als kulturellen Bestandteil. Die Beziehung von Küche, Kost und ihrer gesellschaftlichen Verortung[260] untersucht das nun folgende Darstellungsmodell nach U. Tolksdorf. Es hat die Struktur eines Stammbaums. Als oberste Kategorie ist die „Mahlzeit (M)" gewählt. Sie wird in die verschiedenen Komponenten „Speise (SP)" und „Situation (S)" zerlegt. Die erste Kategorie untergliedert sich in das „Nahrungsmittel (N)" und die „kulturelle Technik (T)". Der zweite Punkt, die „Situation (S)", setzt sich aus der „sozialen Zeit (Z)" und dem „sozialen Raum (R)" zusammen. Alle vier Aspekte werden in Abhängigkeit von der „gesellschaftlichen Bewertung [Nw(G)]" gesehen.[261] Ein Teil ist, ohne seine Position im Gesamtkomplex zu berücksichtigen, nicht zu verstehen. Eine Veränderung des einen Elementes bringt daher eine Änderung der anderen Komponenten mit sich.[262]

Das Stammbaumschema läßt sich demnach wie folgt deuten. Mit der Mahlzeit verbindet der Strukturalismus die Art und Weise ihrer Einnahme,

---

260 Vgl. Barlösius (1999) S. 27.

261 Tolksdorf (1972) S. 75/76.

262 Vgl. Tolksdorf (1975) S. 82.

Ort und Zeit des Verzehrs, sowie die Frage nach der Verzehrstauglichkeit eines Produktes. Die Verzehrssituation, im Stammbaumschema die „Situation (S)", ist eine soziale Situation.

Abbildung 1
Ernährungssystem nach U. Tolksdorf

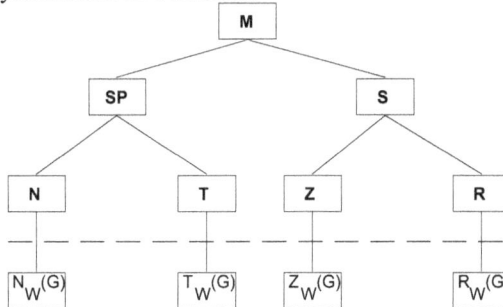

Zeichnung aus Tolksdorf, U. (1975): Strukturalistische Nahrungsforschung, S. 76.

Sie ist gekennzeichnet durch einige variable Elemente, die außerhalb des Ernährungssystems stehen, wie z. B. technische oder ökonomische Faktoren.[263] Die soziale Zeit hat ebenso wie der soziale Raum keine anderen Attribute, als die durch sie gesetzten. Ein Beispiel für die soziale Zeit ist das Weihnachtsfest. Das Haus ist eines für den sozialen Raum. Beides ist infolge des Verhaltens, der in ihnen handelnden Personen, mit Werten besetzt. Dieses hat Auswirkungen auf das „Nahrungsmittel (N)" und die „kulturelle Technik (T)."[264] Die kulturelle Technik ist abhängig vom Bewertungsmaßstab der Gesellschaft. Diejenigen Speisen, deren Zubereitungsarten auf der jeweils gleichen Stufe stehen, werden zusammen kombiniert.[265] Ein Nahrungsmittel wird erst durch das Anlegen individueller Werte zu einem solchen. Anschließend erfolgt die Transformierung in ein Zeichen.[266]

Das strukturalistische Schema Tolksdorfs nimmt sich auch entwicklungsgeschichtlichen, diachronen Veränderungen der Ernährung an.[267] Daneben macht es sich das Stammbaumschema zur Aufgabe, die Nahrung, die das Ernährungssystem ausmacht, in ihrer Vielfältigkeit (Synchronie) zu be-

---

263 Vgl. Tolksdorf (1975) S. 75/76.
264 Vgl. Tolksdorf (1975) S. 81/82.
265 Vgl. Tolksdorf (1975) S. 80.
266 Vgl. Tolksdorf (1975) S. 77/78.
267 Damit entgeht Tolksdorf dem in 2.3 aufgezeigten blinden Punkt vieler eher statischer strukturalistischer Ansätze.

schreiben. Die diachrone Entwicklung ist als Ergebnis einer solchen synchron auftretenden diesem Schema zugrundegelegt. Hieran, so Tolksdorf, ließe sich zeigen wie sich die Wandlung oder vollkomme Umgestaltung anderer sozialer Systeme auf das Ernährungssystem auswirken könnte. Es sind demnach Werte persönlicher und gesellschaftlicher Art, die soziale Informationen über den Charakter der Ernährung liefern. Darüber hinaus könnte dieses Schema einen wertvollen Beitrag zur ethnologischen Nahrungsforschung liefern. Es verdeutlicht die Relevanz der Ernährung für eine Gesellschaft sowie für die mit ihr verbundenen Bedeutungs- und Handlungssysteme [268] auf die eingangs bereits verwiesen worden ist.

Für die Verbotsthematik folgt daraus, daß Verbote als dem Ernährungssystem zugehöriges eigenes Subsystem zu betrachten sind. Sie betreffen das Nahrungsmittel selbst, die Zeit und den Ort der Essenseinnahme sowie schließlich die Kombinierbarkeit der Speisen.

Im einzelnen kann mit Hilfe dieses Modells festgestellt werden, welche Art von Nahrung, nach welcher Zubereitungsart, zu welcher Zeit und an welchem Ort, verzehrt wird. Weiterhin gilt es zu klären, mit welchen Werten und Normen die Gesellschaft Nahrung besetzt, einschließlich der Gründe, die Speise gerade in dieser Art und Weise zusichzunehmen.[269] Für die Bevorzugung bzw. den Verzicht auf ein Nahrungsmittel heißt das ferner, auf die gesellschaftliche, soziale Bewertung eines solchen (mittels dieses Schemas) hinzuweisen. Das Stammbaumschema charakterisiert damit die Ernennung eines Gegebenen zum Nahrungsmittel als Ergebnis einer Wiedererkennung durch den Esser. Wie ein derartiges Denkmuster internalisiert wird, verdeutlicht der nächste Abschnitt.

4.4 Die Sanktionierung abweichenden (Eß-) Verhaltens

Soziale Normen sind also verbindliche Regeln, die bei Nichtbeachtung Sanktionen nach sich ziehen. Die Regelungen beziehen sich auf eine konkrete Situation, in der ein bestimmtes Verhalten immer wieder erwartet werden kann. Wie vermitteln sich solche Verhaltenserwartungen?

Die Adressaten einer Norm sind Eltern, Pädagogen, Mediziner usw., Personen also, die eine bestimmte gesellschaftliche Position mit den dazugehörigen Rechten und Pflichten bekleiden.[270] An jeden dieser „Positionsin-

---

268   Vgl. Tolksdorf (1975) S. 85.

269   Vgl. Tolksdorf (1972) S. 59/60.

270   Vgl. Faltin (1990) S. 31.

haber"[271] richtet sich eine Vielzahl von Erwartungen. Letztere machen die normative Prägung einer sozialen Rolle aus.[272]

Dieses sogenannte „role-taking" (Perspektivenübernahme)[273] nimmt einen herausragenden Stellenwert in der Theorie von G.H. Mead ein. Es besagt, daß jeder Einzelne die Erwartungen anderer in sein persönliches Handeln mit einbezieht. Umgekehrt kann er von der Übernahme seiner Erwartungen bei seinem Gegenüber ausgehen.[274]

Mead teilt role-taking in drei Bestandteile auf : das „I" (Subjekt-Ich), das „me" (Objekt-Ich) und das „self" (Identität).[275] In einem ersten Stadium entwickelt sich das „I" als Resultat der Verarbeitung eigener und fremder Verhaltensweisen in Abhängigkeit zu den Handlungen, an denen die betreffende Person mit anderen zusammen teilhat. Es erfolgt eine Zuschreibung der Handlung an das handelnde Subjekt in der ersten Person. Dann prägt sich das „me" aus infolge einer Eingliederung in die Verhaltensmuster anderer. Das handelnde Subjekt erkennt sich als Objekt der Handlungen anderer Subjekte. Sämtliche aus beiden Prozessen gewonnenen Erfahrungen bringt der Einzelne in seinen Erkenntnisbereich ein. Im Ergebnis entsteht seine persönliche Identität, das „self."[276] Ein Bereich, in dem eine so beschriebene Identitätsentwicklung stattfindet, ist die Ernährungserziehung.[277] Ihre Aufgabe liegt in der Regulierung persönlicher Triebe wie Hunger und Durst. Die Festsetzung von Normen stützt sich u.a. auf persönliche Erfahrungen, die der Erziehungsberechtigte in seiner Kindheit selbst durchlebt hat.[278] Das „role-taking" findet in Verhaltensvorschriften wie: „Rede nicht mit vollem Mund", „Schlürfe nicht" oder „Rülpse nicht" seine praktische Ausformung.[279]

Abweichendes Verhalten kann als solches nur dann geahndet werden, wenn es im Vergleich mit anderem als unrechtmäßig gilt. Hier sind insbe-

---

271 Als Positon bezeichnet man den „Platz des Einzelnen innerhalb einer sozialen Struktur" schreibt Faltin (1990) auf Seite 31.

272 Vgl. Faltin (1990) S. 33.

273 Geulen (1991) S. 31.

274 Vgl. Geulen (1991) S. 31.

275 engl. Ausdrücke zit. n. Setzwein (1997) S. 51. Namen in Klammern aus Mead (1968) S. 216/217.

276 Vgl. Mead (1968) S. 200/201. Engl. Ausdruck zit. n. Setzwein (1997) S. 51.

277 Vgl. Setzwein (1997) S. 52.

278 Vgl. Heim (1994) S. 95/96.

279 Beispiele aus Rath (1984) S. 216.

sondere Rechtsnormen zu nennen.[280] Das Jugendschutzgesetz untersagt beispielsweise die Abgabe, d. h. den Verkauf alkoholischer Getränke an Jugendliche unter 16 Jahren. Es verweist jedoch ausdrücklich darauf, daß die Erziehungsberechtigten diese Norm durch ihre ausdrückliche Erlaubnis außer Kraft setzen können.[281] Auf der anderen Seite ist derjenige, der Getränke anbietet und verkauft, sei es in der Gaststätte oder im Lebensmittelladen, verpflichtet sich an diese Vorschrift zu halten.[282] Eine übergeordnete Instanz setzt Kraft ihrer Autorität die gültigen Normen durch. Bei Nichteinhaltung verhängt sie Strafen.[283] Neben dem Staat mit seinen besonderen Möglichkeiten der Sanktionierung, vermag jedes Gesellschaftsmitglied auf seine Weise zu strafen.

Folgende drei Fragen gilt es generell bis zum Urteilsspruch zu klären: War es ein Normbruch? Wer war der Normbrecher? Ist er schuldig im Sinne der herrschenden Sanktionsvorstellungen? Am Ende folgt dann die Erteilung einer angemessenen Strafe („Sanktionszumessung"). Nicht alle Sanktionen weisen den gleichen gesellschaftlichen Status auf.[284] Allgemein ist davon auszugehen, daß der gesellschaftliche Bewertungsgrad von Normen über die Schärfe der Sanktion entscheidet.[285]

In der Sanktionssituation ist gegebenenfalls auch eine solche Handlung gestattet, die andernfalls nicht geduldet ist. Im Regelfall ruft ein Normbruch eine Sanktionsreaktion hervor. Selbige kann jedoch als der Norm zuwidergehende Handlung angesehen werden. Das Ergebnis ist eine erneute Sanktion, was wieder als Norm verletzend betrachtet wird und entsprechend sanktioniert wird usw.[286] Es bedarf deshalb der vorherigen Klärung der Sanktionsrechte. Andernfalls gilt lediglich das „Recht des physisch Stärkeren."[287]

Im Fall der Nahrungstabus stellt sich der Sachverhalt so dar, daß die Sanktionsbereitschaft aufgrund der selten auftretenden Tabubrüche relativ hoch ist.[288] Der Betroffene wird überdies mit Verachtung gestraft. So ist z.B. demjenigen, der Haustiere als eines seiner Nahrungsgrundlagen ansieht,

---

280   Vgl. Faltin (1990) S. 45.
281   Vgl. Setzwein (1997) S. 42.
282   Vgl. JÖSchG §4 Abs. 1 u. 2.
283   Vgl. Popitz (1980) S. 32.
284   Popitz (1980) S. 57 u.59.
285   Vgl. Setzwein (1997) S. 63.
286   Vgl. Popitz (1980) S. 49.
287   Spittler (1967) S. 133.
288   Vgl. Setzwein (1997) S. 69.

„alles („Unmenschliche") zuzutrauen."[289] Im Umkehrschluß kann die Verletzung eines bestehenden Tabus auch soziale Anerkennung mit sich bringen. Die Mutprobe ist eine solche Situation.[290] Dem gegenüber gibt es Normbrüche, die als solche nur von einer spezifischen Person erwartet werden. Der madenessende Abenteurer Rüdiger Nehberg z.B. fällt in diese Kategorie.[291] Die Empfindungen von Widerwillen gegen diese Art von Kost rührt von den Erfahrungen in der Zeit der „alimentären Sozialisation"[292] her.

Zum menschlichen Leben zählt die richtige Balance zwischen erlaubten und verbotenen Nahrungsmitteln.[293] Was zu ihr jeweils zuzurechnen ist, stellt sich genderspezifisch unterschiedlich dar. Das jeweils andere Geschlecht wird dazu angehalten, Speisen zu meiden, die mit weiblichen bzw. männlichen Attributen belegt sind.[294] Solchen Nahrungsmitteln haftet eine Art negative Stigmatisierung an.[295] Dabei ist ein ganz bestimmtes Verhältnis des Nahrungsmittels zum (eigenen) Körper zugrundegelegt. Wie mit ihm umgegangen, wie er gepflegt und ernährt wird.[296] Für die Frau ist demnach der Salatteller reserviert, während der Mann sich die Wurst schmecken läßt. Der Körper steht hier also als Zeichen für eine „geschlechtsrollenspezifische Organisation der Nahrungsaufnahme."[297] Die Frau ißt maßvoll, in kleinen Happen, sie kaut in einem saichten Tempo. Der Mann bevorzugt den kraftvollen Biß, der den ganzen Mund füllt. Sanktioniert wird auch hier der Griff zu Nahrungsmitteln, die dem eigenen kulturell durch geschlechterspezifische Sozialisation geprägten Geschmacksempfinden widersprechen.

Die Form der Sanktionierungen sind allerdings sehr vielfältig und reichen vom offiziellen Ausschluß aus der Tischgemeinschaft bis hin zum leichten Naserümpfen oder persönlicher Meidung in Hinblick auf andere Mahlteilnehmer.

---

289   Setzwein (1997) S. 69.
290   Vgl. Setzwein (1997) S. 54.
291   Vgl. Prahl/Setzwein (1999) S. 109.
292   Setzwein (1997) S. 52.
293   Vgl. Streck (1997) S. 75.
294   Vgl. Setzwein (1997) S. 54.
295   Vgl. Barthes (1982) S. 71.
296   Vgl. Bourdieu (1992) S. 307.
297   Heim (1994) S. 100.

5. Speisetabus: Ihre religiösen und kulturellen Hintergründe

Die Mahlzeit als solche hat immer eine bestimmte Form. Zum einen nehmen wir am Imbiß im Stehen eine schnelle Mahlzeit zu uns. Zum anderen sitzen wir in einem Restaurant oder in der Kantine mit Freunden zusammen und nehmen ein ausgiebiges Essen ein. Dabei bleibt nichts dem Zufall überlassen. Weder bei der Speisefolge, die per Karte ausgewählt wird, noch beim Besteck und dem Teller oder bei der Portionsgröße. Ebenso ist es traditionell beim Essen zu Hause, dem alltäglichen Frühstück, Mittag- oder Abendessen. Alles verläuft deutlich voneinander abgegrenzt zu festen Zeiten, an bestimmten Orten und mit eigens dafür zubereiteten Speisen.

Im jüdischen Passahmahl und beim christlichen Abendmahl nimmt der Gläubige ebenfalls Speise zu sich. Doch er ißt jene nicht (oder nicht ausschließlich) zum Zweck der Sättigung, sondern zur geistigen Stärkung und Festigung der Gemeinschaft mit anderen. Das Essen als heilige Handlung zur Aufnahme in die Gemeinschaft von Gläubigen, des Volkes oder der Kirchengemeinschaft, ist Thema des nächsten Abschnittes.

Ausgehend von diesem religiösen Hintergrund läßt sich der oben theoretisch erörterte Tabubegriff anschaulich machen, um ihn von der so analysierten geschichtlichen Basis aus auch in seiner heutigen Gestalt und seiner Umformung ins Profane besser verstehen zu können.

5.1 Nahrungstabus im Judentum

Die kulturelle Bedeutung von Lebensmitteln kann durch solche aus anderen Lebensbereichen ersetzt werden. Besondere Relevanz erhält eine derartige Überformung auf dem Gebiet der Religion. Die religiöse Dienstbarmachung der Speise zeigt sich in ihrer Herausnahme aus dem alltäglichen Bedeutungszusammenhang der Küche. Die Nahrung wird so zu einem Zeichen, das die kulturimmanenten Besonderheiten einschließt. Erwähntem Nahrungszeichen haftet zunächst eine allgemein kulturelle soziale Bedeutung an. Eine Überformung erfolgt in speziellen Gemeinschaften mit religiösem Charakter und/ oder nationalem bzw. ethnischem Pathos. Hier wird die Speise entsprechend gedeutet. Die Kodierung erfolgt binär in die Paare rein und unrein, gesundheitsfördernd und gesundheitsschädlich usw. Für das Religiöse stehen hier die „Zeichen (...) rein/unrein und heilig/unheilig"[298] zur Verfügung. Nahrungsmittel aus der ersten Rubrik sind außerhalb des religiösen Geschehens. Häufig sind sie mit einem Tabu be-

---

298   Barlösius (1999) S. 97.

legt. Das religiöse Tabu beinhaltet demnach rationale und an das Angstgefühl gerichtete Überlegungen. Ferner schließt der Wille der Götter stark moralisierende Elemente mit ein. Das allgemein Menschlich- moralische und das alle Rationalität übersteigende Religiöse, „wonder and humility", sind in ursprünglichen Religionen ebenso zu finden wie in höheren Religionen.[299] Entsprechend werden Speisen, die mit dem Adjektiv heilig und unheilig belegt sind, oft „charismatische Kräfte und Wirkungen"[300] beigelegt.

Die Übertragung derartiger magischer Attribute erfolgt mittels einer dafür geeigneten Person, dem Zauberer, der dazu die entsprechende Zeremonie vollzieht.[301] Hier mißt der Teilnehmende der in der Zeremonie transformierten Speise übersinnliche Kräfte bei. Das dem Gott dargebrachte oder von seinen Anhängern (Gläubigen) verspeiste Lebensmittel gerät so in den Bereich des Außeralltäglichen. Gleiches gilt für Pflanzen bzw. deren Wirkungen, insbesondere Opiate. Das Lebensmittel erhält lediglich durch den Einsatz während des sakralen Aktes seine charismatische Bedeutung. Fern dieser Verwendung findet die Eßware aber trotz allem in der Alltagsküche ihren Einsatz. Sie dient also abgesehen von ihrer Rolle als Eßware zudem als Mittler religiöser Bedeutungszusammenhänge.[302]

5.1.1 Biblische Einteilungskriterien

Die interpretatorische Grundlage des nachfolgenden Textes liefert die Sozialanthropologin Mary Douglas. Ihre Werke lehnen sich der funktionalistischen Denkweise ebenso an, wie dem aus Frankreich stammenden Strukturalismus.[303] Die Einordnung ihrer Schriften erfolgt jedoch in die soziologische Richtung des Strukturalismus. Um die Interpretation der jüdischen Nahrungstabus vornehmen zu können, sollen zunächst die biblischen Einteilungskriterien genannt werden.

Die jüdischen Speise- und Verhaltensvorschriften sind in den fünf Büchern Mose dargelegt. Hier wird unter den drei Rubriken Land, Wasser und Luft aufgezählt, welche Tiere zum Verzehr geeignet sind und welche für den jüdischen Speisezettel tabu sind.[304]

---

299   Vgl. Burstein (1929) S. 733.

300   Weber (1980) S. 245.

301   Vgl. Weber (1972) S. 341.

302   Vgl. Barlösius (1999) S. 103-108.

303   Vgl. Setzwein (1997) S. 148.

304   Vgl. Douglas (1972) S. 72.

Alle Tiere, die auf der Erde kriechen, krabbeln oder wimmeln sind tabu. Sie stehen dem Grundsatz der Heiligkeit Gottes und des Volkes Israel entgegen. „Denn ich bin der HERR, euer Gott. Darum sollt ihr euch heiligen, so daß ihr heilig werdet, denn ich bin heilig; und ihr sollt euch nicht unrein machen an irgendeinem Getier, das auf der Erde kriecht".[305] Die Kategorisierung der Tiere erfolgt nach den für sie typischen Fortbewegungsarten. Fische müssen demnach Schuppen besitzen und im Wasser schwimmen. Alle Wassertiere, die keine Schuppen besitzen und sich anders als schwimmend im Wasser fortbewegen, sind für den jüdischen Speisezettel tabu.[306]

Die kriechenden, wimmelnden oder krabbelnden Tiere laufen dieser Kategorisierung zuwider. Sie können weder fliegen noch schwimmen oder laufen. So steht der Wurm für Tod und Verderben.[307]

Als abscheuliche, unberührbare Kreaturen gelten solche, die auf einer unbekannten Zahl von Gliedern stehen. Habicht, Geier, Adler usw., also Vögel, die sich von Aas ernähren, nennt das dritte Buch Mose ebenfalls als unreine, dem Volk Israel ein Greul seiende Tiere.[308]

Die Gruppe der Landtiere ist in Huftiere und Wiederkäuer eingeteilt. Beide Arten sind für die Tafel geeignet.[309] Für den Verzehr tabu sind laut fünftem Buch Mose Widerkäuer, die keine gespaltenen Hufe aufweisen, umgekehrt Paarhufer, die nicht wiederkäuen.[310] Das heißt, alle Tiere die gespaltene Hufe haben und wiederkäuen sind eßbar.[311]

Rinder, Ziegen und Schafe, die die genannten Reinheits- Merkmale aufweisen, zählen zu den wichtigsten Fleisch- bzw. Milchlieferanten des alten Orients. Ihre Mägen verdauen am besten die zellulosereiche Pflanzenkost dieser Gegend. Ein soziologischer Grund für ihre Freigabe zum Verzehr ist, daß die Nahrung der Tiere, da sie für den menschlichen Verzehr ungeeignet ist, abgelehnt wird. Selbst nach kräftigem Kochen, ist das Futter der Tiere keine Konkurrenz zur menschlichen Kost. D.h. ihre Haltung belastet die Nahrungsressourcen der Züchter nicht, sondern erweitert diese im Gegenteil sogar.[312]

---

305 3. Mose 11,44. (Übersetzt nach der Lutherbibel).

306 Vgl. 3.Mose 11, 9-12. Simoons (1994) bestätigt dieses auf S. 101.

307 Vgl. Douglas (1985) S. 76/77.

308 Vgl. 3.Mose 11, 13-19.

309 Vgl. Douglas (1972) S. 72/73.

310 Vgl. Suchy (1993) S. 316.

311 Vgl. 5.Mose 14, 6.

312 Vgl. Harris (1988) S. 71/72.

Ein an die klimatischen Bedingungen der Sinaihalbinsel hervorragend angepaßtes Tier ist das Kamel. Die Bibel erklärt es für unrein. Das Tier für unrein zu erklären, beruht auf dem Einteilungskriterium Wiederkäuer und Paarhufer. Seine Klauen werden für weniger durchgespalten als die der übrigen eßbaren Tiere erachtet, und deswegen wird sein Verzehr verboten. Gleiches gilt für den Hasen und den Klippdachs. Sie zu jagen hieße, die ertragreicheren Nutztiere (Rinder, Schafe, Ziegen) zu verschmähen und erscheint daher uneffektiv.[313] Kamelfleisch wird ebenfalls aus Effektivitätsgründen für ungenießbar erklärt. Die Israeliten können nach ihrer Seßhaftwerdung wenig mit diesen Tieren anfangen. Denn die Futterverwertung von Kamelen im Lebensraum Wüste verläuft nur sehr langsam. Die Fleisch- und Milchproduktion der Tiere entsprechen qualitativ nicht denen der Haustiere (Schaf, Ziege, Hund), was sie für die dortige Haltung als nicht geeignet erscheinen läßt.

Nun zu dem Tier, welches vom Alten Testament ausgehend, auch noch heute im Islam für unverzehrbar erklärt wird, dem Schwein. Sein Fleisch wird von nicht jüdischen Menschen als ein Nahrungsmittel anerkannt. Für Juden (und Moslems) ist dieses jedoch tabu.[314] Das Schwein ist „zum Inbegriff des diätetischen Regimes der alttestamentarischen Gesellschaft überhaupt geworden."[315]

Unrein ist das Schwein deshalb, weil es nicht in das Schema Wiederkäuer/Paarhufer paßt.[316] Das Tier ist zwar paarhufig, jedoch kein Wiederkäuer, womit die Grenzen der Klasseneinteilung erreicht sind. Dieses ist es, was das Schwein in religiöser Hinsicht tabuisiert.[317]

Für die Meidung des Schweines gibt es aus soziologischer Perspektive vielfältige Begründungsmomente. So ist die Aufzucht der Tiere in diesen Gebieten mit erheblichen Kosten verbunden ist. Daneben spielen die klimatischen Verhältnisse eine Rolle. Schweine sind nicht in der Lage zu schwitzen, so daß Tiere bei Temperaturen über 30°C sich in ihren eigenen Exkrementen wälzen, um keinen Hitzschlag zu bekommen. Daneben frißt das Tier Abfälle und wohl deshalb kommt es allgemein im Nahen Osten selten auf den Tisch.[318] Ein weiterer Faktor ist die Nahrungskonkurrenz. Schweine bevorzugen alle Arten von Nahrung. Dadurch werden sie auch

---

313   Vgl. Harris (1988) S. 79-81.
314   Vgl. Leach (1972) S. 40/41.
315   Eder (1988) S. 127.
316   Vgl. Douglas (1972) S. 79.
317   Vgl. Eder (1988) S. 137.
318   Vgl. Douglas (1972) S. 79.

zum Nahrungskonkurrenten des Menschen. Auf der anderen Seite verschmähen die Tiere jedoch die stark zellulosehaltigen Pflanzen. Mit letzteren müssen die Haustiere der Orientalen vorlieb nehmen. Da die Israeliten Milch sowie die Felle ihrer Haustiere verarbeiten, ist dieses ein weiterer Grund auf die Schweinehaltung zu verzichten.[319] Der Einhaltung dieses Verbotes liegt also die Vermeidung einer unmöglich hohen Kostenrechnung zugrunde.[320] Damit ist neben der religiösen eine weitere soziologische Begründung aufgezeigt.

Ältere Erklärungsmodelle erweisen sich von daher als unzulänglich. So geht der ägyptische Arzt Maimonides von der Gesundheitsgefährdung infolge Trichinenbefalls des unzureichend gegarten Schweinefleisches aus.[321] Eine Behauptung, die nicht haltbar ist, da nicht bekannt ist, seit wann und ob es überhaupt ein derartiges Bakterienvorkommen im Nahen Osten gegeben hat. Schließlich gilt als sicher, daß keinem Volk des Nahen Ostens Trichnose ein Begriff ist.[322] Einer weiteren zutreffenden Erklärung liegt eine Untersuchung zugrunde, nach der der Muskelextrakt von unreinen Tieren (Schweine, Hunde, Hasen usw.) eine höhere Giftigkeit aufweist als bei reinen. Doch kann hierauf an dieser Stelle nicht weiter eingegangen werden.

Wie anhand des Schweinefleischtabus jedoch klar gezeigt werden konnte, handelt es sich im Fall des alttestamentlich tradierten Tabus der Israeliten um eine „nachträgliche Generalisierung ihrer Gewohnheiten.“[323] Einige der bei ihnen tabuisierten Speisen sind lange vor Entstehung der mosaischen Speisegesetze dem Verzehr entzogen. Das jüdische Schweinefleischtabu erklärt sich somit aus rein national wirtschaftlichen Gründen. Die in der Bibel erwähnten Einteilungskriterien geben dem Tabu eine prägnante und für jeden nachvollziehbare Struktur. Allgemein gesellschaftlich gelten nun die religiös aufgeladenen Reinheits- bzw. Unreinheitskriterien, die im nächsten Abschnitt eingehender behandelt werden.

---

319   Vgl. Harris (1988) S. 72-74.
320   Vgl. Eder (1988) S. 128.
321   Vgl. Douglas (1985) S. 47.Mary Douglas gilt als die herausragenste Vertreterin des Strukturalismus. Diese soziologische Richtung vermutet hinter den Eßtabus, -verboten und –meidungen einen Verstoß gegen eine „gedachte Ordnung.“ Barlösius (1999) S. 101.
322   Vgl. Simoons (1994) S. 66-68.
323   Douglas (1985) S. 75.

5.1.2 Reinheit contra Unreinheit

Dem Verbot Blut und Aas zu essen, ist in der Bibel ein ganzes Kapitel gewidmet. Im dritten Buch Mose spricht Gott zu ihm: „Ihr (die Israeliten) sollt keines Leibes Blut essen; denn des Leibes Leben ist in seinem Blut. Wer es ißt, der wird ausgerottet werden."[324] Der Genuß von Blut ist den Israeliten somit unter Strafandrohung verboten. Derjenige, der gegen diese göttlichen Vorschriften verstößt, bezahlt den Verstoß mit seinem Leben. Ihm drohen Tod und Verderben. Daneben zeichnet sich der Gläubige durch Einhaltung der Sabbatgebote und Achtung vor dem Erstgeborenen aus. Sein Volk hat einen Bund mit Gott geschlossen, deshalb ist er verpflichtet die Symbiose Mensch, Vieh und Land nicht zu durchbrechen.[325] Er hat sich der Heiligkeit, der Vollkommenheit im Namen seines Gottes verpflichtet.[326] Körperliche Reinheit, Heiligkeit und Speisegesetze stehen somit in direktem Zusammenhang. Von daher erklärt es sich auch, daß die geschlachteten Tiere völlig ausbluten müssen, bevor sie verspeist werden dürfen.[327] Nun sind sie „koscher", d.h. „tauglich, erlaubt", sprich für den Verzehr geeignet.[328] Neben dem Tabu des unkoscheren Fleisches zeigt sich der enge Zusammenhang von Heiligkeit und Reinheit in den Regeln, die für das israelitische Heiligtum gelten. Nur die körperlich makellosen Menschen und Tiere sind opferbar und dürfen den Tempel betreten.[329]

Doch noch einen weiteren Aspekt aus dem sich die Distinktion rein/unrein herleitet, gilt es zu betrachten. Körperliche Grenzen symbolisieren, ganz allgemein gesprochen, zugleich die sozialen Grenzen einer Gemeinschaft.[330] Dasjenige, was in den Körper hineingelangen darf und was nicht, ist eng mit sozialen Normen verbunden. Jede Gesellschaft versucht sich durch solche Normierungen ihren inneren Zusammenhalt zu garantieren. Ein soziales System braucht, um das zu leisten, die Kriterien rein und unrein zwecks Aufrechterhaltung seiner kollektiven Grenzen, sprich Körpergrenzen.[331] Gleichzeitig implizieren derartige Tabus eine klassifikatorische Logik, wie sie u.a. Eder aufzeigt.[332]

---

324   3. Mose 17, 14 -16.

325   Vgl. Douglas (1985) S. 75.

326   Vgl. Douglas (1985) S. 73.

327   Vgl. Paczensky/Dünnebier (1999) S. 276.

328   Suchy (1993) S. 316/317.

329   Vgl. Douglas (1972) S. 75.

330   Vgl. Douglas (1974) S. 106.

331   Vgl. Setzwein (1997) S. 149.

332   Vgl. Eder (1988) S. 135- 137.

Was für die Tiere in Punkto Reinheit und Unreinheit gilt, läßt sich auch auf die Menschen übertragen. Im jüdischen Glauben bekleidet derjenige ein Priesteramt, der körperlich unversehrt ist. „Wer nun unter Aarons, des Priesters, Nachkommen einen Fehler an sich hat, der soll nicht herzutreten, zu opfern die Feueropfer des HERRN; denn er hat einen Fehler."[333] Priester sind aufgrund ihrer körperlichen Makellosigkeit berechtigt, den Tempel zu betreten.[334] Über körperliche Reinheit und Unreinheit eines Juden entscheidet ebenfalls der Priester.[335] Die Reinheit des Körpers steht für den in seinem Inneren und seinem Verhalten gänzlich reinen Menschen. Es ist das Wort Gottes, welches ihm den Umgang mit der Schöpfung diktiert. Demzufolge zeigt Gott ihm die Sensibilität selbst im Umgang mit Tieren. Es ist Gott ein Anliegen, die Unterschiede zwischen den unreinen und reinen Tieren, dem Tod und den Tugenden deutlich zu machen.[336] Ferner ist die Auserwähltheit seines Volkes, dem gläubigen Juden bereits Mahnung genug, sich entsprechend zu verhalten, also den inneren Geist mittels äußerer Vorschriften gefügig zu machen. Dieses ist Teil der Erziehung des Volkes Israel, welches im Ergebnis zu einer „inneren, persönlichen Heiligkeit" führt.[337] Denn das Volk, welches „seinen König bei sich wohnen hat", muß ihn „durch Reinlichkeit und Wohlanstand (...) ehren."[338]

5.1.3 Verwandtschaftsbeziehungen zwischen Mensch und Tier

Daß den religiös motivierten Tabus immer aber auch eine nichtreligiöse Erklärung gegeben werden kann, wurde im vorhergehenden bereits ausgeführt. Auf diesem Ineinander der Begründungsreihen basiert auch ein von E. Leach entwickeltes, eindrückliches Modell. Er sieht einen Zusammenhang zwischen der Nahrung und dem Heiratsverhalten. Seiner Darstellung liegt die Kenntnis eines Zusammenhangs von Tierklassifikation und zwischengesellschaftlichen Beziehungen zugrunde.[339] Sehr nahe am und sehr fern vom Menschen liegen die Eckpunkte des von Leach gebrauchten Klassifikationsschemas bezüglich der „Heiratbarkeit von Menschen und die Eßbarkeit von Tieren."[340] Einem Heiratstabu bzw. Tötungsverbot un-

---

333   3. Mose 21,21.
334   Vgl. Douglas (1972) S. 75.
335   3. Mose 13, 14 -17.
336   Vgl. Döller (1917) S. 239.
337   Vgl. Döller (1917) S. 240/241.
338   Zit. n. Döller (1917) S. 236.
339   Vgl. Leach (1972) S. 52.
340   Prahl/Setzwein (1999) S. 99.

terliegen demnach diejenigen Tiere und Menschen, die letzterem am nächsten stehen.[341] Solche Tiere, dazu zählen Schoßtiere allerart, weisen ein eigenes Persönlichkeitsprofil auf (eigenen Namen, Gefährte des Menschen). Sie sind als aktiv (handelnde) Lebewesen und dem Menschen ähnliche Kreaturen, dem Verzehr entzogen.[342] Aus demselben Grund unterliegen nahe Verwandte des Menschen einem Heiratsverbot (Inzesttabu).

Unter das Kriterium sehr fern fallen die dem Menschen gar nicht nahestehenden Mitmenschen und Tiere. Erstere stehen ihm als potentielle Heiratspartner (Nachbarn, Freunde) zur Verfügung.[343] Die Tiere leben in der freien Wildbahn oder werden als Nutztiere in der Landwirtschaft gehalten. Sie dürfen gegessen werden. Zuchtvieh ist dabei Opfer der Eßlust und Profitgier des Menschen. Das Wild fällt dem Jagdtrieb der Mitgeschöpfe oder der Jagdleidenschaft des Menschen anheim.[344]

Abbildung 2
Die soziale Klassifikation der Tiere in der modernen Gesellschaft

Ego-Distanz	Schoßtier	Haustier	Tiere auf freier Wild-Bahn	Wilde Tiere (Raubtiere)
Essverbote	+	-	-	+

Zeichnung aus Eder (1988): Die Vergesellschaftung der Natur, S. 147.

Für den menschlichen Verzehr sind daher, laut abgedrucktem Schema, lediglich die Tierarten gedacht, die dem Menschen unähnlich (Stalltiere, wilde Tiere) und auch artfremd sind. Alle übrigen Geschöpfe wie Schoßtiere und Raubtiere sind für den menschlichen Eßgenuß tabu.

Das jüdische Schweinefleischtabu ließe sich diesem Modell nach so erklären: Da dieses Tier in der Nähe der Menschen lebt, ist die Scheu es zu töten, vorhanden.

Aus dieser Anwendung auf das Schweinefleischtabu wird m.E. nun auch die Grenze bzw. Einlinigkeit von Leachs Modell deutlich erkennbar. Denn die Nähe des Schweins zum Menschen ist doch wohl nicht ein hinreihendes Kriterium, um seinen Verzehr zu tabuisieren. Weitere, im Vorhergehenden dargelegte, soziogenetische Aspekte müssen hinzugedacht werden.

---

341   Vgl. Eder (1988) S. 148.
342   Vgl. Setzwein (1997) S. 155.
343   Vgl. Leach (1972) S. 53.
344   Vgl. Setzwein (1997) S. 155.

5.2 Das Abendmahl als Opfermahl

Die im vorherigen Abschnitt aufgeführten spezifisch-religiösen Tabus lassen sich auch anhand des christlichen Abendmahls darstellen. Dieser besonderen religiösen Zeremonie kommt im Christentum zentrale Bedeutung zu. Hier kommen religiös gleichgesinnte Menschen zusammen, um sich ihrer seelischen Gemeinsamkeit zu versichern.[345] Die Speise wird in dieser Zeremonie zum leibhaftigen Gott stilisiert.[346] Wie dieses vor sich geht, bzw. wie es soziologisch gesehen erklärt werden kann, erläutert das folgende Kapitel.

5.2.1 Das gemeinschaftgewährende Tabu

„Das ist mein Leib, der für euch gegeben wird"[347], spricht Jesus beim sog. letzten Abendmahl zu seinen Jüngern. Der Nazarener ißt hier nicht einfach, sondern verleiht seinem Tun einen berechtigten Grund.[348] „Dieser Kelch ist der neue Bund in meinem Blut, das für euch vergossen wird!"[349] Diese sogenannten Einsetzungsworte des Abendmahls brechen ganz offen und bewußt mit dem Tabu des Verzehrs von Menschenfleisch und –blut. Sie verkünden durch ihren Sprecher, nämlich Jesus, zuerst den Jüngern Nähe zu seiner Person. Es ist eine spürbare, schmeckbare, infolge des Verzehrs von Jesu Fleisch und Blut erfahrbare Nähe.[350] Der Inbegriff einer „vollkommenen Verdauung"[351] wird hier praktiziert. Der getrunkene Wein verwandelt sich auf seiner höchsten Stufe ebenso wie das Brot zum lebenspendenden Geist. Der Wein, so kann man in ernährungssoziologischer Hinsicht sagen, bzw. dessen Hefe, fungiert dabei als Katalysator. Er trennt reine Materie von der Nicht-Reinheit des Brotes solange, bis dieses ebenfalls „als Geist des Lebens im menschlichen Geist aufersteht."[352]

In der Abendmahlszeremonie kommen also erlaubte (Brot u. Wein) und verbotene (Leib u. Blut) Speisen zusammen. Sittliches und rituelles Handeln vermischen sich. Die dargebotene Speise dient sowohl dem Erinnern (an die Leiden Jesu Christi), als auch dem Vorgeschmack, der Verheißung

---

345   Vgl. Messelken (1980) S. 56.

346   Vgl. Stenzler (1994) S. 199.

347   Luk. 22,19.

348   Vgl. Messelken (1980) S. 46.

349   Luk. 22,20.

350   Vgl. Holl (1993) S. 51.

351   Treusch-Dieter (1994) S. 159.

352   Treusch-Dieter (1994) S. 159/160.

des ewigen Lebens. Beide Komponenten vereinigen sich auf der religiös-positiven Ebene.[353]

„Jesus aber sprach zu ihnen: Ich bin das Brot des Lebens. Wer zu mir kommt, wird nie mehr hungrig sein; und wer an mich glaubt, wird keinen Durst mehr haben."[354] Der Körper Jesu repräsentiert die Speise überhaupt. Jesus fungiert als Verbindungsglied zwischen sinnlich-körperlicher und übersinnlich-geistiger Ebene. Sein Fleisch und Geist von Gott geschaffen und genährt. Die Teilnehmer am Abendmahl verinnerlichen per Genuß von Brot und Wein diese neue Geistigkeit. Ihr Körper wird wie Jesu Körper zum Leib. Ein Leib, der nicht ewiger Verdammnis ausgesetzt ist, sondern davor bewahrt bleibt. Der kannibalistische Akt der Menschverspeisung wandelt sich dadurch in einen heiligen, gerade lebenversichernden Vorgang. So wie Jesus als wahrer Mensch und wahrer Gott bezeichnet wird, so ist auch das Abendmahl ursprünglich eine wirkliche Mahlzeit und eine heilige Handlung, wie sich aus den Paulusbriefen (1. Kor.11) noch entnehmen läßt. Überträgt man die zwei Naturen Christi (weltlich u. geistlich) auf die Transsubstantiation von Wein und Brot, so ergibt sich, daß beim Abendmahl gleichsam auch eine Gottheit symbolisch verspeist wird. Die Jesus Nachfolgenden heiligen sich in ihrer leiblichen Gestalt, indem sie den materialisierten, geistigen Gehalt des Gottmenschen Christus verzehren und verdauen. Zusammenfassend kann man sagen: der Gott-Mensch Jesus wird heilig-kannibalistisch anmutend, symbolisch einverleibt und überträgt so seinen lebensspendenden Gehalt auf das ihn (geistig wie körperlich) verarbeitende Individuum.[355]

Noch ein weiterer, für das Tabu wichtiger Aspekt, soll hier zur Sprache kommen. Die Austeilung des sakralen Essens kann nur durch einen Eingeweihten, einen Priester, erfolgen. Dadurch wird vermieden, daß die „privatistische Verspeisung eines anderen Leibes" (in diesem Fall dem Jesu) außer Kontrolle zu geraten droht.[356] Der tabuisierte, kannibalistische Akt bedarf einer feierlichen Zeremonie, um zu einer heiligen Handlung geläutert zu werden, an der dann alle teilhaben können. Als Ergebnis steht die Transformation von Angst und Ekelgefühlen der Teilnehmer in eine „außeralltägliche, religiös gesteigerte, gemeinschaftliche Kulthandlung."[357] Mit dem Verzehr von Menschenfleisch und trinken des Menschenblutes,

---

353   Vgl. Greschat (1980) S. 36.

354   Joh. 6,35.

355   Vgl. Kleber (1994) S. 236.

356   Brock (1977) S. 538.

357   Messelken (1980) S. 42.

der Tabuerfüllung also, geht, wie erwähnt, die Hoffnung der Menschen auf Erlösung einher.

Furcht vor göttlicher Rache bei leichtfertiger, unwissentlicher oder fern des Rituals begangener Verletzungen des Tabus bleibt aber das soeben beschriebene Doppelgesicht, welches mit dem lateinischen Ausdruck „sacer" benannt wird.[358]

5.2.2 Der Gemeinschaftsakt von Kultmahlen

Der soziale Zweck einer religiösen Mahlzeit ist die Verbrüderung der Teilnehmenden im Glauben. Die Bedeutung einer solchen Mahlzeit reicht jedoch über das rein Religiöse hinaus. Die religiöse Gemeinschaft gewinnt Ansehen und Handlungsspielraum, indem viele Personen sich in ihr zusammenfinden.[359] Das gemeinsame Zusichnehmen von Speisen impliziert die Verschmelzung des Teilnehmers in die Gruppe (Kommunion).[360] Bereits im alten Ägypten mündet die Gemeinschaft der Menschen mit ihrem Gott in einer gemeinsamen Mahlzeit, in der „Communio."[361] Ferner setzt sich die Tradition einer Mahlzeit als Zeichen des Totengedenkens bis ins Mittelalter hinein fort. Jedes Gastmahl ist zugleich ein Totenmahl.[362] Das „commune convivium" (Gastmahl) soll eine friedfertige und freundliche Beziehung zu den jetzigen und einstigen Tischgenossen bekunden. Es stellt somit auch eine „rechtsrituelle Handlung"[363] dar, auf die an dieser Stelle jedoch nicht näher eingegangen werden kann

In der frühmittelalterlichen „Ruodliebdichtung"[364] findet sich die Beschreibung eines Gastmahls besonderer Art. In ihm lassen sich die Einflüsse der christlichen Abendmahltradition deutlich erkennen. Zu Beginn des Mahls folgt die Speisung der Besitzlosen eines Dorfes durch den Helden persönlich. Schließlich beginnt das eigentliche Essen in einem Gasthaus. Ruod-

---

358 Für Messelken (1980) S. 42/43, drückt sich dies zu dem im „Transsubstantiationsdogma" aus. Die Verwandlung der Substanzen Brot und Wein in den Leib bzw. das Blut Christi lassen, laut Fiddes (1993) S. 242 eine umgekehrte Logik erkennen. Der kannibalische Konsum eines höheren Wesens, sowie die Aufnahme „seiner spirituellen Kraft" ergeben eine doppelte Negation sonst üblicher Werte.

359 Vgl. Barlösius (1999) S. 193.

360 Vgl. Falk (1994) S. 104.

361 Wildung (1993) S. 25.

362 Vgl. Althoff (1987) S. 21.

363 Althoff (1987) S. 13/14.

364 Die Dichtung ist dem gleichnamigen geographischen Ort (um Passau herum) zuzurechnen. Vgl. dazu Hauck (1950) S. 612. Entstehung bald nach 1023 n. Chr.

lieb läßt sich nun vom Wirt Fleisch reichen und verteilt dieses als Heilsgabe (pro sacramento) an alle Leute des Hofes. Ein feierlicher Schlußtrunk setzt den Schlußpunkt der Mahlzeit.[365] Eine besondere Weihe der Speisen (Fleisch und Brot) durch Bekreuzigung findet jedoch nicht statt. Die Betonung der Mahlzeit liegt auf der Austeilung von Brot und Fleisch als Gemeinschaftsgaben.[366]

Die Achtung vor dem Brot ist in den Tischzuchten, vom Mittealter bis zur Renaissance, zu finden. Eine Regel besagt, daß das „Brot mit dem Nächsten"[367] zu teilen ist. Dies ist eine Art der Vergemeinschaftung, die durchaus Parallelen mit dem alttestamentlichen Bundesmahl und Anklänge an das christliche Abendmahl aufweist.[368] Denn bereits für Israel gilt, daß demjenigen, dem es nicht vergönnt ist vom „Himmelsbrot" (Manna) zu essen und Wasser, das aus dem Felsen quillt zu trinken, daß es für den keine Möglichkeit gibt, „ins Gelobte Land zu gelangen."[369]

Die gemeinschaftgewährende und schützende Funktion des Tabus lässt sich, wie exemplarisch gezeigt werden konnte, in den verschiedensten Gesellschaftsgruppen des alttestamentlich- christlich geprägten Kulturkreises nachweisen. Das christliche Abendmahl an sich weist bereits sowohl eine soziogenetische Verbindung zum jüdischen Passahmahl, als auch eine strukturparallele Verbindung zum Totemismus auf. Beide Aspekte sollen abschließend nochmals kurz zusammen bedacht werden.

5.2.3 Die Verbindung von Totemismus und Passahmahl

Die Vergemeinschaftung aller, die am „Gottessen"[370] teilnehmen, gleich ob Judenchristen oder Heidenchristen, beginnt mit der Einsetzung des christlichen Abendmahls. Aber bereits dem Volk Israel ist durch das Passah Mahl Gemeinschaft mit Gott gegeben. Beide Religionen, das Christentum und das Judentum, beanspruchen für sich eine Mahlgemeinschaft. Kontinuität ist beobachtbar hinter der gleichzeitigen Tendenz zur Universalisierung. Denn wurden in Israel nur die Volksgenossen zum Mahl geladen, so sprengt das Christenmahl die Volksgrenzen und erweitert die Mahlgemeinschaft zu einer solchen für alle die, die glauben. Der Bogen vom alten zum

---

365   Vgl. Hauck (1950) S. 617.
366   Vgl. Hauck (1950) S. 619.
367   Homolka (1989) S. 168.
368   Vgl. dazu Hauck (1950) S. 617.
369   Wagner (1994) S. 112.
370   Wagner (1994) S. 107.

neuen Testament ist gespannt.[371] „Denn", so Paulus in dem erwähnten Brief an die Gemeinde in Korinth, „unser Passah ist schon geopfert, das ist Christus." „Darum laßt uns das Fest feiern, (...) im ungesäuerten Teig der Lauterkeit und Wahrheit."[372]

Der Tag des Passahfestes, der Seder-Abend[373], läßt die Vermutung zu, daß das Abendmahl aus einer Passahfeier hervorgegangen ist. Der Seder-Abend ist nach jüdischem Kalender der 14.Nissan und am Tag darauf, dem 15. Nissan, wird Christus den Evangelien zufolge gekreuzigt.[374]

In der symbolischen Vereinnahmung von Fleisch und Blut in einem feierlichen, zeremoniell gestalteten, sakralen Akt liegen nun die Parallelen des Abendmahls zum Totemismus. Diesen definiert Weber als die Verehrung eines Objektes, zumeist eines Naturobjektes, um das sich eine Gruppe von Menschen versammelt. Der Genuß oder gar die Tötung des Totems ist den Mitgliedern der Gemeinschaft außerhalb der Zeremonie untersagt. Der Totemismus ist daher „eine weitverbreitete Art, Verbrüderungen unter magische Garantie zu stellen."[375]

Beide Aspekte, der jüdische und der totemistisch- heidnische spiegeln sich im christlichen Abendmahl wieder.

---

371 Vgl. Wagner (1994) S. 112/113.
372 1. Kor. 5,8.
373 Auch „Fest des Gehorsams" genannt so Wagner (1994) S. 37.
374 Vgl. Wagner (1994) S. 39.
375 Weber (1972) S. 265.

6. (Ver)-Meidung bestimmter Nahrungsmittel

Das Fleisch ist eines unserer Grundnahrungsmittel. Es findet sich in den unterschiedlichsten Formen und Größen in den Lebensmittelregalen. Wir alle verzehren es täglich, ohne uns über seine Herkunft oder die Fleischproduktion Gedanken zu machen. Auch bestimmte Einschränkungen, wie etwa das Schweinefleischverbot oder die Voraussetzung der koscheren Schlachtung, gelten nur noch für einige, religiöse Gruppen in unserer Gesellschaft. Doch gibt es zugleich auch solche Esser, die sich des Fleischessens selbstverantwortlich versagen. Sie meiden diese Speise aus mannigfaltigen Gründen.

Im nun folgenden Text wird die Frage nach den ethisch-gesellschaftlichen Gründen, nach der Allmacht des Fleisches sowie den Ursprüngen der vegetarischen Bewegung gestellt und nach ihrer Relevanz für die Küchenstruktur der Moderne hin entfaltet, um schließlich in die Frage nach der Gesellschaftskonformität des Meidungsverhaltens einzumünden.

6.1. Die Macht des Fleisches und der Vegetarismus

In den unteren Gesellschaftsschichten als fast schon grausam tituliert, in der Oberschicht mit den Attributen dezent und raffiniert versehen, ist die fleischlose Kost die aufstrebende Eßkultur unserer Tage.[376] Der Fleischkonsum drückt die Zugehörigkeit zur Gruppe der Fleischesser sowie die damit verbundene Assoziation über das Nahrungsmittel selbst aus.[377] So verbindet der eine mit einem Steak ein feierliches Essen, während ein zweiter an die Tierhaltung und das anschließende Schlachten denkt. Ein Begriff, das Fleisch, zwei unterschiedliche Vorstellungen, keine absolute Faktizität.[378]

Beim puren Genuß von Fleisch kommen niemandem die Gedanken an Massentierhaltung mit anschließender Tötung zur Stillung des Nahrungsbedürfnisses. Die entscheidende Rolle spielt hier die Übermittlung der mit dieser Kost verbundenen Werte. Öffentlich, beispielsweise in der Werbung, weist niemand auf Tierquälerei für den Fleischkonsum der Massen hin. Eine derartige Vermutung wird zwar von den meisten Menschen gehegt, dabei bleibt es aber dann auch. Denn die Vorstellung, der Natur

---

376   Vgl. Eder (1988) S. 240.

377   Vgl. Fiddes (1993) S. 56.

378   Vgl. Fiddes (1993) S. 61. Der „kulinarische Code", von dem hier die Rede ist, beschreibt sich über die Zeichen, die mit einem Nahrungsmittel verbunden werden. Karmasin (1991) S. 21.

übermächtig zu sein, ist zu verführerisch, als daß der Fleischkonsum darunter zu leiden hätte.[379] Das Fleisch steht so auch als Charakteristikum für das Bestreben des Menschen, seine Umwelt zu beherrschen. Er bemächtigt sich der Natur, oft ungeachtet der Folgen seines Tuns. Fleischkonsum bedeutet also Macht und Genuß, weshalb Fleisch für viele Menschen das Nahrungsmittel schlechthin darstellt. Insbesondere der passionierte Fleischesser kann sich ein Essen ohne sein geliebtes Tierprodukt nicht vorstellen.[380] Derjenige, der auf Fleisch verzichtet, opponiert gegen die oben beschriebene Einstellung.[381] Er macht diesen Schritt meist bewußt und gewollt und (oft) gegen die Masse der Mitesser.[382]

Die anticarnivore (fleischlose) Kultur nimmt sich hingegen als (aus der Fleischesserperspektive gesehen) „kulinarische Mangelkultur"[383] aus. Einen Vegetarier kennzeichnet der Verzicht auf das allgemein hoch angesehene Lebensmittel Fleisch. Es sind neben individuellen Ablehnungs- und Ekelgefühlen vorwiegend rationale Gründe, die dazu führen, dieses oder jenes Nahrungsmittel nicht mehr zu sich zunehmen.[384] Ein weiterer Aspekt auf Fleisch zu verzichten, ist der der Vermeidung unangenehmer Anblicke. Mit dem Tiermahl ist unmittelbar der Tod, der Vorgang des Schlachtens, verbunden. Ein derartiges Unterfangen kann Gefühle der Abscheu hervorrufen.[385] In einer für letzteren Aspekt sensibilisierten Gesellschaft hat das Verstecken der Schlachthöfe vor dem Blick des Einzelnen „become a necessary device to avoid too blatant a clash between material facts and private sensibilities."[386] Die zunehmende Ansprechbarkeit auf unangenehme Fakten bedeutet ein vorrücken der Peinlichkeitsschwelle im Sinn des Zivilisationsprozesses[387], woraus der Vegetarismus als Breitenphänomen seinen Nutzen zieht.

Doch ist nicht der Mensch biologisch so konstituiert, daß er der Tierprodukte bedarf? Viele Vegetarier vermuten daher, eine Lücke in ihrem Nahrungsmittelspektrum durch den Konsum von Sojaprodukten schließen zu

---

379   Vgl. Fiddes (1993) S. 63/64.

380   Vgl. Fiddes (1993) S. 29.

381   Vgl. Barlösius (1999) S. 119.

382   Vgl. Sprondel (1986) S. 315.

383   Eder (1988) S. 243.

384   Vgl. Eder (1988) S. 246.

385   Vgl. Mennel (1988) S. 390.

386   Thomas (1983) S. 300.

387   Vgl. Elias (1998) Bd.I, S. 253.

müssen.[388] Dieses zeugt um das Wissen, seinen täglichen Eiweißbedarf genau so gut mit Hilfe dieser Nahrungsmittel decken zu können.[389] Die bewusste Rechenschaft über den eigenen Nahrungsbedarf stellt in diesem Fall einen wesentlichen Beitrag zur Bestimmung von (selbstverantworteten) Meidungsvorschriften dar. Ein unmittelbares, unreflektiertes Vegetariertum ist in einer fleischzentrierten Eßgesellschaft nicht möglich.

Neben der gesundheitlichen Komponente ist die Ernährung auch immer mit Umweltfaktoren im weiteren Sinne (z.b. Anbaumethoden und Haltungsbedingungen) verbunden. Massentierhaltung, Einsatz von Kunstdünger oder genveränderte Futtermittel werden von informierten Essern meist abgelehnt. Ohne Rechenschaftsprozeß darüber abzulegen, was gegessen werden soll und wie etwa das Tier bis es zum Nahrungsmittel wird ernährt und behandelt wird, kommen nur noch wenige Institutionen in der (post)modernen Gesellschaft aus.

Entsprechend der Konsequenz und Durchdachtheit in Hinblick auf die Meidung von Tierprodukten finden sich unter den Vegetariern verschiedene Gruppierungen. So lehnen die einen Eier, Milch- und Milchprodukte (Käse u.a.) auf ihrem Speiseplan ab. Jene, Ovo-Lacto-Vegetarier, ernähren sich hauptsächlich von Rohkost. Letztere bevorzugen auch die Lacto-Vegetarier, allerdings neben Milch- und Milchprodukten. Fisch, Fleisch sowie Eier meiden auch sie. Radikalen Verzicht auf jegliche Art von tierischen Produkten übt der Veganer. Über den Ovo- Lacto- Vegetarier geht er noch dadurch hinaus, daß sich seine Abneigung oft auf andere Bereiche, in denen tierische Produkte verwendet werden (wie z.B. Lederwaren), erstreckt.[390]

Aus all dem ist klar ersichtlich, daß sich die Meidung von Nahrungsmitteln im Gegensatz zur Tabuisierung nicht als autoritative Vorgabe darstellt, sondern vom einzelnen Esser (bzw. der Gruppe) selbst durchdacht und verantwortet werden will. Kein undurchdachtes Föllen ist für Vegetarier möglich.

Die verschiedenen Gesichtspunkte, die zur Meidung von Fleischkonsum führen können, verdeutlicht der nächste Abschnitt.

---

388   Vgl. Fiddes (1993) S. 31.
389   Vgl. Eder (1988) S. 248.
390   Vgl. Dominé (1998) S. 444.

6.1.1 Der ethische- biologische Gesichtspunkt der Nahrungsauswahl

Die Naturheilbewegung (Kneipp u.a.), die vegetarische Bewegung, die Jugendbewegung, die Antialkoholiker Bewegung, sie alle gehören zur Lebensreformbewegung. Jede der Gruppierungen vertritt ihre eigene Weltanschauung[391], die an je spezifischen Punkten von den zeitspezifischen Ansichten abweicht.

Der erste vegetarische Verein, sprich die erste vegetarische Gesellschaft, entsteht 1847 in Manchester. Gemeinsam ist allen Mitgliedern der Verzicht auf Viehzucht zugunsten eines intensiven Ackerbaus.[392] Sie stellen sich gewissermaßen gegen die „Zivilisationsübel der Zeit"[393], das heißt gegen die zunehmende Verstädterung und Industrialisierung. Im Zentrum ihrer Anschauung steht das Wort Leben, eingefügt in den humanistischen Grundsatz: „Der Mensch soll nur genießen, was seine körperliche und geistige Entwicklung fördert, und vermeiden, was diese hemmt".[394]

Als unreines, und damit als gleichsam tabu gilt das, was außerhalb des persönlichen Kontrollbereichs liegt. Das Reine hingegen bedeutet Natürlichkeit.[395] Die vegetarischen Ideen erwägen eine Aussöhnung des Menschen mit der Natur.[396] Der Mensch muß auf dem Weg zu einem reinen Leben bereit sein, Verzicht, oft bis zur Form der bedingungslosen Entsagung, zu üben.[397] Die moderate Form der Anweisung dazu lautet: „Seid mäßig, d. h. genießet auch von demselben Stoffe nicht zu viel!"[398]

Die in der Bedeutung des Maßes anklingende Nähe des Vegetarismus zu protestantischen Maximen baut auf die theologischen Lebensreformer W. Zimmermann und E. Baltzer auf.[399] Sie vertreten die ursprünglichste Form des Vegetarismus, der ethisch begründet wird. In seinem Kern macht sich dieser die Begriffe Harmonie und Natur zu eigen. In Harmonie mit sich selbst und der Natur leben, hierin liegt das eigentliche Heilsziel (Gleich-

---

391   Vgl. Eder (1988) S. 243. Dazu kommen verschiedenste Siedlungsarten wie „Bauernsiedlung, Landarbeitersiedlung, Vorortsiedlung, Erwerbslosenvollsiedlung" um nur einige zu nennen. Siehe dazu auch Linse (1983) S. 7.

392   Vgl. Montanari (1999) S. 185.

393   Sprondel (1986) S. 315.

394   Struve (1869) S. 11.

395   Vgl. Eder (1988) S. 236.

396   Vgl. Barlöisus (1997) S. 209.

397   Vgl. Sprondel (1986) S. 322.

398   Struve (1869) S. 18.

399   Vgl. Barlösius (1997) S. 211.

klang von Körper, Geist und Seele), das seinen theoretischen Unterbau abgibt.[400] Damit einher geht die christliche, aus dem Judentum aufgenommene Hoffnung auf Aussöhnung aller Menschen wie Tiere, in einem himmlisch- irdischen Friedensreich.[401] Der Weg dorthin ist aber geprägt von Ängsten. Jene werden in die Bereiche Ernährung und Lebensumfeld projiziert. Die Sorge um eventuelle Verunreinigungen in der Nahrung steht damit schnell gleichbedeutend neben der Furcht vor Verdammnis nach dem Tode.[402] Vegetarier zu sein heißt demnach, der Nahrungsaufnahme eine ethische Bedeutung zu verleihen.[403] Für Baltzer verkörpert der Vegetarismus, mehr noch als eine Religion, die konkrete Anleitung zur praktischen Lebensführung.[404] Es ist „eine der Vorbedingungen zur Lebenserneuerung der Gegenwart und aller Zukunft.“[405]

Aus dieser Nähe zu protestantischen Wertvorstellungen, die durch ihre Gründer bedingt ist und um deren Weiterentwicklung sie sich bemühten, erklärt sich die Einstufung der Lebensreformbewegung in den religiösen Bereich. Das spiegelt sich u.a. darin wieder, daß gewisse Meidungsangaben durch die Belegung mit den Begriffspaaren rein/ unrein in die Stellung von Tabuierungen aufrücken. Aufgrund dieser Form der Regeln und den Inhalten der Prinzipien der Lebensgestaltung erklärt sich fernerhin, daß der Vegetarismus für einige Bevölkerungsteile gleichsam zum Religionsersatz werden kann.[406] Ob dieses sein Selbstverständnis jemals gewesen ist, läßt sich jedoch bezweifeln. So stellt u.a. Barlösius heraus, daß die Schlichtheit und Komplexität der vegetarischen Ideen überhaupt keinen Raum für religiöse Gefühlsbindungen lassen. Die Argumentationsbereiche der Vegetarier sind wirtschaftliche, soziale und politische Problemfelder, nicht religiöse. Hieraus leitet sich zwar eine Paradiesversprechung ab, die jedoch im Diesseits bereits anzutreffen ist. Als letztes ist es nach Barlösius die Altersstruktur (25-40 Jahre)[407] und die zum Teil geringe Dauer der Mitgliedschaft in den Vereinen[408], die gegen einen Religionsersatz sprechen. Wobei entgegen den allgemeinen Strukturerwägungen durch die spezifische Form

---

400   Vgl. Sprondel (1986) S. 321.

401   Vgl. im Alten Testament Jesaja 11, 6-8.

402   Vgl. Eder (1988) S. 246/247.

403   Vgl. Sprondel (1986) S. 321.

404   Vgl. Barlöisus (1997) S. 45.

405   Baltzer (1907) S. 90.

406   Vgl. Barlösius (1997) S. 211.

407   Vgl. Barlösius (1997) S. 111.

408   Die dauert nicht länger als 4 Jahre in einem Verein. Siehe Barlösius (1997) S. 111.

der Qualifizierung des zu Meidenden, die eben analog der der religiösen Tabuisierung zu sehen ist, m.e. das religiöse Moment im Vegetarismus unübersehbar ist.

Neben den im vorherigen aufgeführten ethischen Maximen beruft sich die vegetarische Ernährungsweise auf eine bestimmte Vorstellung von Natürlichkeit. Wie die aus einer solchen Vorstellung heraus getroffenen Meidungen auf das Ernährungsgefüge zurückwirken, ist Gegenstand des folgenden Kapitels.

6.1.2 Das Küchenmodell des Vollwert- Vegetarismus

Unter Vollwerternährung versteht man eine vegetarische, lacto-vegetabile Kost. Es ist ein Gegenpol gegen den mittlerweile verindustrialisierten Geschmack des Verbrauchers.[409] Das Risiko, infolge falscher Ernährung gesundheitlichen Schaden zu nehmen, soll durch die Verwertung gesundheitlich wertvoller Lebensmittel minimiert werden (psychophysischer Grund).[410] Ein Maximum an Information ist daher auch hier die Voraussetzung. Gleichzeitig beklagt man jedoch deren Vorenthaltung. Die Naturbelassenheit der Nahrung als Teil der auf Harmonie ausgerichteten Lebensweise ist dennoch nur folgerichtig (sozialer Grund). Unter dieser Natürlichkeit ist ein möglichst geringer Verarbeitungsgrad zu verstehen. Der menschliche Stoffwechsel sowie seine Verdauungsorgane haben sich im Laufe der Evolution unter den Bedingungen des Verzehrs naturbelassener Nahrungsmittel entwickelt. Eine vollwertige-vegetarische Ernährung kommt diesem Faktum entgegen.[411]

Wie aus dem Vorangegangenen ersichtlich, sprechen soziale, wie psychische Gründe für die Vermeidung von Fleisch. Um die Ernährung entsprechend zu gestalten, muß aber auch bei der Nahrungszubereitung vieles bedacht werden. Zur theoretischen Betrachtung dieses Komplexes kann als Modell das kulinarische Dreieck Lévi-Strauss` dienen.

Allgemein gilt nach Strauss: Das Rohe steht im Zusammenhang mit dem Unverarbeiteten, dem Naturbelassenen. Dennoch kann das Rohe nicht so

---

409 Vgl. Eder (1988) S. 249.

410 Vgl. Definition der Vollwerternährung nach Leitzmann u.a. in v. Koerber (1999) S. 28.

411 Unter naturbelassener Kost ist hier vor allem rohe d.h. unerhitzte Kost zu verstehen. Die Hälfte der Nahrung sollte aus frischem Obst, Gemüse, Körnern, Nüssen usw. bestehen. Derartige Nahrung muß intensiver gekaut werden. Dieses fördert die Verdauung, trägt zur Sättigung bei und vermindert die Aufnahme von unerwünschter Energie (Kohlenhydraten) Vgl. v. Koerber (1999) S. 108-110.

wie es ist verzehrt werden. Es muß gewaschen, geschält, geschnitten oder sogar gewürzt werden. Das Gebratene steht dem Rohen am nächsten, da es nur unzureichend gegart werden kann. Folglich sind jene Speisen (und das sind die meisten), die in irgendeiner Weise verarbeitet werden, dem naturellen Bereich zuzurechnen.[412]

Abbildung 3

Das kulinarische Dreieck

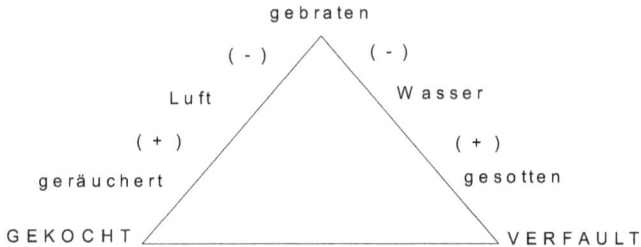

```
                        gebraten
             ( - )    /\    ( - )
        Luft        /    \       Wasser
        ( + )     /        \     ( + )
    geräuchert  /            \    gesotten
  GEKOCHT     /_____\  VERFAULT
```

Zeichnung aus Lèvi-Strauss, C. (1973): Mythologica III, S. 525.

Die beiden Eckpunkte des kulinarischen Dreiecks sind nach Lévi-Strauss unter anderem das Gesottene und das Gebratene. Das Bratgut ist als erstes direkt dem Feuer ausgesetzt und ist daher der Natur zuzurechnen. Der Siedevorgang oder genauer gesagt das Gesottene, steht im genauen Gegensatz zum Gebratenen. Das zu Siedende befindet sich in einem Kochgefäß, es ist daher nicht direkt dem Feuer ausgesetzt. Der Vorgang wird dem Bereich der Kultur zugerechnet. Er findet im engeren (Familien-) Kreis und damit traditionell unter der Anleitung von Frauen statt.[413]

Anhand des kulturellen Systems der Küche, welches dem kulinarischen Dreieck zugrunde liegt, können nun Tabus, Verbote und Meidungen rund ums Essen in ihren Auswirkungen auf die Nahrungszubereitung betrachtet werden.[414]

In Anlehnung an das Modell Lévi-Strauss` soll an dieser Stelle die Herleitung des Schemas für das Thema Vegetarismus vorgenommen werden.

Für den Bereich der vegetarischen Ernährung sieht die Beschriftung des kulinarischen Dreiecks folgendermaßen aus:

---

412   Vgl. Lévi-Strauss (1973) S. 511.

413   Vgl.Lévi-Strauss (1973) S. 513-520.

414   Vgl. zum letztgenannten Setzwein (1997) S. 123 u. 126.

Abbildung 4
Das kulinarische Dreieck zum Thema Vegetarismus

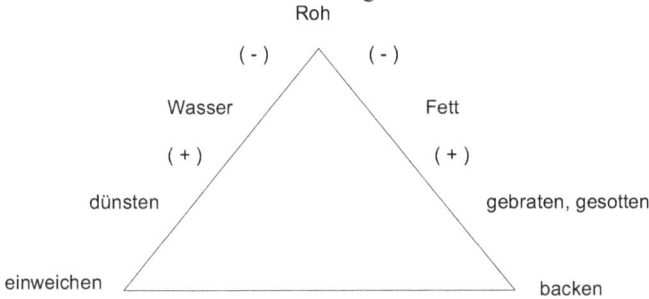

```
                        Roh
            ( - )      /\      ( - )
         Wasser      /    \      Fett
          ( + )     /        \    ( + )
       dünsten     /            \   gebraten, gesotten
                  /                \
    einweichen   /_____\   backen
```

Zeichnung nach der Vorlage von Lévi-Strauss,C. (1973): Mythologica III, S. 525.

Das Rohe steht nach wie vor an der Spitze. Auf der rechten Seite folgt das Braten, was ohne Fett, also im eigenen Saft geschehen soll, falls das Bakken dem nicht gänzlich vorzuziehen ist, da hier das Bratgut am wenigsten zusätzliches Fett aufnimmt. Ähnliches gilt für das Kochen. Es entfällt nahezu, da hier wertvolle Nährstoffe verloren gehen. Eine bessere, vor allem gesündere Methode, ist ein kurzes Dünsten. Härtere Lebensmittel wie z. B. Getreidekörner werden vor der eigentlichen Zubereitung in Wasser eingeweicht.[415] Der Schwerpunkt des kulinarischen Dreiecks liegt auf dem rohen, dem naturbelassenen. Die Verarbeitung soll so schonend wie möglich erfolgen. Zubereitungsarten, die dem nicht Rechnung tragen, sind verboten. Verarbeitet werden sollen zudem ausschließlich Produkte in ihrem natürlichsten Zustand, keine künstlichen Fertigprodukte.[416]

Daß ein meidungsspezifisches Küchenmodell das Leben in der Gesellschaft verkomplizieren kann, wird unmittelbar deutlich, wenn in den Punkten 10 und 11 dieser Arbeit Fast- Food und Gen-food behandelt werden. Doch zuvor soll noch der letzte Regulierungsbegriff von Eßverhalten, das Verbot, anhand der Phänomene Diät und Fasten auf seine Angemessenheit, um gegenwärtige Ernährungsweisen zu beschreiben, befragt werden.

---

415   Vgl. dazu v. Koerber (1999) S. 111.

416   Empfehlungen bezüglich der Lebensmittelauswahl siehe v. Koerber (1999) S. 154/155.

7. Verbote

Bei den Verboten handelt es sich, im Unterschied zur Meidung, um „äußerliche quà Macht vorgenommene Setzungen".[417] Die verbotsetzende Instanz kann der Staat, eine Organisation oder auch die Öffentlichkeit, sein. Sie setzt u.a. Verbote, die sich auf das Eßverhalten beziehen. Die Einhaltung eines solchen Eßverbots wird meist weniger strikt beobachtet als z.b. die Einhaltung der Parkverbote. Sie ist vom persönlichen Wohlwollen abhängig, etwa zugunsten eines an Idealnormen orientierten Körpergewichts auf Nahrung zu verzichten oder aus anderen, die eigene Gesundheit betreffenden Motiven. Körpernormen, um bei ersterem Motiv zu bleiben, unterliegen sozialen und historischen Wandlungsprozessen. So ist die Konnotation von Schlankheit bzw. Übergewicht in jeder Gesellschaft verschieden.[418] Es stellt sich also hier die Frage nach dem Verhältnis zwischen Körper und Nahrung auf der einen und Ausdruck (Zeichen) und Trieb auf der anderen Seite.[419]

7.1 Die Diät

Fettverzehr gilt im Mittelalter als außerordentlich positiv, da er gleichbedeutend mit Reichtum und Schönheit ist.[420] Im Verlauf des 18. Jh. sind erste Ansätze eines neuen Eßverhaltens erkennbar. Die Nahrungsauswahl orientiert sich mehr an Qualität und nicht mehr so sehr an Quantität. Gesundheitsbewußtes Denken rückt mehr und mehr in den gesellschaftlichen Mittelpunkt. Eine radikale Umstellung des Konsum- und Eßverhaltens zeichnet sich im 19. Jh. ab. Ein Schlankheitsideal bildet sich aus, welches kalorienarmes und diätetisches Essen zur Voraussetzung hat.[421] Letzteres wird, wenn schon nicht aus Gesundheitsgründen, so zumindest der Ästhetik wegen, eingehalten. Diät halten bedeutet, den Zusammenhang zwischen Leib und Seele des Einzelnen zu erkennen.[422] So ist in diesem Abschnitt von solcher Diät die Rede, die von Ärzten entwickelt, vom Menschen alleine angewendet, dem Ziel der Gewichtsreduktion ebenso dient, wie dem

---

417   Prahl/Setzwein (1999) S. 93. Siehe 4.2.

418   Vgl. Prahl/Setzwein (1999) S. 102.

419   Vgl. dazu Neumann (1993) S. 402, der dieses als eine Fragestellung des Kulturthemas Essen begreift.

420   Vgl. Montanari (1999) S. 199.

421   Vgl. Prahl/Setzwein (1999) S. 102-104.

422   Vgl. dazu v. Engelhardt (1993) S. 285.

eignen körperlichen Wohlbefinden.[423] Sie stellt der Form nach ein ärztliches Verbot dar, das aber vorwiegend dem Bereich der Eigenverantwortung des Patienten und damit vornehmlich einer Sanktionierung durch den Normbrecher selbst[424] übergeben wird, was es zu zeigen gilt.

In der Salerno Diät, der ältesten vollständig überlieferten Diät aus dem 11. Jahrhundert[425], ist die praktische Anwendung, der schon aus der Antike stammenden Erkenntnisse, beschrieben. Der Begriff Diät bezieht sich sowohl auf Essen und Trinken, als auch auf eine gesundheitliche Behandlung durch Schwitzen, Erbrechen oder auch Leibesübungen. Eine Diät dient dem Gesunden als Prophylaxe und dem Kranken zur Heilung.[426] Diesem Grundsatz folgend mahnt die Salerno Diät: „Allen verordne ich, ihre gewohnte Diät zu bewahren. Immer bleibt Diät ein höchstes Ziel der Arzneikunst: Dieses mißachtend, bist du ein Tölpel, dems übel ergehn wird.‟[427] Damit folgt sie dem Gedankengut des Hippokrates, dem Begründer der griechischen Heilkunde[428], der von einer Mischung der unterschiedlichsten Arten der beiden Elemente Feuer und Wasser im Menschen ausgeht.[429] Ist das Mischungsverhältnis, sprich die Seele, im Ungleichgewicht, so ist es angebracht, entsprechende Maßnahmen zu ergreifen. Zu beachten ist auch hier die Form des Verbots. Hier wird etwas per Autorität verordnet. Bei Nichteinhaltung der Vorgaben ergeht es der Person übel.

Die „Humorapathologie‟ des griechischen Arztes Galen vertieft obiges Gedankengut. Sie setzt zu den vier Elementen Erde, Feuer, Wasser und Luft die vier Körpersäfte Blut, Schleim, gelbe und schwarze Galle in Beziehung. Gesundheit heißt, die Säfte befinden sich im Gleichgewicht. Krankheit bedeutet demnach eine Störung innerhalb der Ausgeglichenheit. Zur Wiederherstellung dieses Zustandes bedarf es daher medizinischer Maßnahmen wie Schwitzen Erbrechen oder Abführen.[430]

Diätetik beschreibt sich selbst als Mäßigung im Umgang mit dem eigenen Körper sowie seiner Umwelt im Sinne der diätetischen Grundregeln. In der Diätetik des Essens und Trinkens verbinden sich Natur und Kultur auf

---

423 Vgl. Barlösius (1999) S. 52.

424 Vgl. Popitz (1980) S. 55.

425 Vgl. Kleinspehn (1995) S. 15.

426 Vgl. Diller (1994) S. 270.

427 Regimen Sanitatis Salernitatum (1964) S. 23.

428 „Hippokrates selbst soll‟, so schreibt Fischer-Homberger (1973) auf S. 21, „ein wandernder Arzt gewesen sein.‟

429 Vgl. Diller (1994) S. 282.

430 Fischer-Homberger (1975) S. 27.

vielfältige Weise. Antike Diäten verstehen sich als Anleitung für eine umfassende Lebensgestaltung.[431] Sie setzen dabei auf die Beziehung des Einzelnen zur Gesellschaft, zum politischen Leben, entsprechen jedoch keineswegs unserem heutigen Gesundheitsbewußtsein. Ihr Ursprung liegt im Asklepioskult, einer Mischung aus Heilung, Religion und Dankopfer. Trotz dieser ursprünglich religiösen Konnotation, zeigt aber bereits die Salermo-Diät, daß diätetische Normierungen weder den Status von Tabus erreichen, noch rein in den Bereich der persönlichen Meidung zurückgehen. Es bedarf des äußeren Anstoßes in Form eines (ärztlichen) Verbotes, um das eigene Bewußtsein zur Selbstkontrolle anzuhalten und diese zu verinnerlichen. Sinnbildlich wird letzteres im Asklepioskult daran, daß jedermann sich im namensgleichen Tempel infolge eines geruhsamen Schlafs heilen lassen kann.[432]

7.1.1 Krankheit als allgemeine Störung des Körpergleichgewichts

Als Voraussetzung für ein gesundes Leben gilt in der Antike der verantwortungsvolle Umgang mit den „sechs diätetischen Grundbereichen", welche sind: „Licht und Luft (aer), Essen und Trinken (cibus et potus),Bewegung und Ruhe (motus et quies), Schlafen und Wachen (somnus et vigilia), Ausscheidungen (secreta et excreta), Affekte (affectus animi)."[433] Die Beachtung dieser sechs auf ein Gleichgewicht zielenden Verhältnisbegriffe führt zum Erfolg einer Diät. Voraussetzung ist die hinreichende Kenntnis des Einzelnen über seinen Körper, der Natur mit ihren Abläufen usw.[434]

In späterer Zeit, um 1600, tritt der religiös- moralisierende Aspekt der diätetischen Vorschriften verstärkt hervor. Die Verführung durch Nahrung beginnt danach bereits im Paradies. Hier ist der Ursprung des unersättlichen Essens angelegt. Als Gegenmittel ist beständiges Lesen der Bibel zu empfehlen. „Nicht allein in dem brot lebt der mensch. Es geschieht gar dick das ein mensch der da geistliche ding betrachtet / oder das gotzwort höret / oder liset / studiert in der heiligen geschrifft / der vertreibet dick den hunger / das er an kein essen gedenckt", so Johann Geiler von Kaysersberg in einer seiner Predigten.[435] Die spätmittelalterliche Diät ist somit verstärkt in einen strengen christlichen Moralkodex eingebunden. Etwaige

---

431   Vgl. Barlösius (1999) S. 50.
432   Vgl. Fischer-Homberger (1975) S. 18/19.
433   v. Engelhardt (1994) S. 286.
434   Kleinspehn (1987) S. 40.
435   v. Kaysersberg (1518) p.XIr.

Übertretungen christlicher Gebote gelten als Sünde (so auch die Völlerei).[436]

Die Religion appelliert an die Angst des Einzelnen vor möglicher Verdammnis nach seinem Ableben.

Rückt die Diätetik somit zunehmend in den Bereich eines Tabus, ist sie jedoch keineswegs streng an eine Lehrmeinung gebunden. Ohne eine Beachtung der Eigenverantwortung des Einzelnen gegenüber seinem Körper, seinem Gemüt, seiner Lebensumstände und nicht zuletzt seiner Umgebung, kommt sie nicht aus. Erstmals fragen die Autoren danach, warum einige Personen sich nicht an die festgeschriebenen Diätregeln halten.[437] „Zu dem ersten geschicht es etwan unwissenglich das ein mensch sein selber nicht warnimpt / ißt und fült ymmermeder insich / biß das nut mer in yn mag. Da sprich ich so es dich nit gantz beschwert / das du geirret würst an dem das du schuldig bist zethun / und doch vß der unwissenheit hargat / so ist es nitt todsünd / sunder ein sünd der unwissenheit.“[438]

Aus letzterem Zitat ist ersichtlich, daß auch im Hinblick auf die Diät die gestufte Vorstellung der Tabuwirkung in kraft tritt. Nichtbeachtung der Diät geschieht aus mangelndem (Fach) Wissen heraus. Die Tabuverletzung ist nicht so stark wie eine Todsünde.

Ein Jahrhundert später behandeln die diätetischen Schriften Fragen der Verderblichkeit, des Nährwertes, der Bekömmlichkeit und des Aussehens von Lebensmitteln. Erfahrungen einzelner Personen bezüglich der genannten Kriterien gehen in die Wissenschaft ein.[439] Eine experimentelle Festsetzung von Regeln und Normen vervollständigten den medizinischen Gesamteindruck: „Durch Analyse zur Wissenschaft!“[440] Körperfunktionen und Nahrungsaufnahme werden in Zusammenhang gebracht: „Wenig essen auf einmahl wird wohl verdauet und schwächet den Leib nicht / gibt ihm stets eine Stärcke und Nahrung / und erhält den Leib hurtig in allen actionibus und bey guter proportion, da im Gegentheil viel essen und trincken auf einmahl den Leib verderbet / faul / ungeschickt und kranck machet.“[441] Sutorio nennt hier zwei sehr allgemeine, den menschlichen Körper betreffende Regeln: Erstens mäßig essen, damit der Mensch nicht dick wird, denn die Konsequenz des Dickseins ist die Trägheit. Zweitens seinen Lei-

---

436   Vgl. Klotter (1990) S. 21.
437   Vgl. Kleinspehn (1987) S. 43.
438   v. Kaysersberg (1518) S. VII rf.
439   Vgl. Kleinspehn (1987) S. 133
440   Schipperges (1970) S. 236.
441   Sutorio (1695) S. 54.

besumfang in angemessener Norm zu halten, damit die Bewegung nicht beeinträchtigt wird.

Es ist hier also das Bemühen zu erkennen, das aufgrund rationaler Argumente doch noch als allgemein akzeptierte Norm zu etablieren.

7.1.2 Die Verwissenschaftlichung der Diät

Entsprechend der beschriebenen Tendenz stellt sich eine neue Wissenschaft, namentlich die von der Ernährung, in dieser Zeit (16/17. Jh.) heraus. Sie zeichnet sich durch die Berechnung von Nährwerten und des Kalorienverbrauches aus. Die wissenschaftliche Auseinandersetzung, bezüglich der Nahrungsaufnahme, erfaßt das Nahrungsmittel selbst genau so wie die Lebensumstände und die Untersuchung körperlicher Vorgänge.[442]

Zu einer einschneidenden Veränderung diätetischer Grundsätze kommt es im 19.Jh. Jemand, der Diät lebt, ist von nun an eine Person, die sich von Kamillentee und Haferschleim ernährt.[443] Diät ist jetzt gleichbedeutend mit Schonkost, die bei organischen Erkrankungen zu verabreichen ist.[444] Derartiges Essen bedeutet etwas negatives, nämlich den Entzug der normalen alltäglichen Kost. Wird auf der einen Seite so der Begriff von Diät als Reaktion auf seine lakse Umsetzbarkeit verschärft, so ist damit jedoch das Problem der diätetischen Regeln, sprich die Frage der Sanktionierbarkeit in bezug auf die verbotene Nahrungsaufnahme, noch nicht gelöst. Im Gegenteil es verschärft sich. Die Regeln erreichen das Individuum nicht mehr in dem Maße wie etwa noch zur Zeit der Ständegesellschaft. Der Mensch möchte seine Ernährung zunehmend selbst bestimmen .[445]

Die moderne Diätetik löst sich nahezu ganz von Begriffen wie Weisheit, Askese und Reinheit. Ihre Funktion bezieht sich auf die Machtausübung. Die Macht, das Leben im Griff zu haben, nicht dick zu sein, so daß lediglich leicht verdauliche und kalorienarme Nahrung gegessen wird.[446] Das bedeutet oftmals aber auch, den Erwartungen des sozialen Umfeldes an die eigene Ernährung, zu widersprechen. Ferner besagt das, sich anders zu ernähren als gemeinhin erwartet, der Tischgemeinschaft den Rücken zu kehren. Die Gründe dafür liegen im ästhetischen, gesundheitlichen oder ethischen Bereich. Verurteilung üppiger Gelage machen ebenso den ethisch gesundheitlichen Bereich aus, wie der soziale Selbstbeherrschungsbeweis.

---

442 Vgl. Kleinspehn (1987) S. 136.
443 Vgl. von Engelhardt (1993) S. 52.
444 Vgl. Barlösius (1999) S. 52.
445 Vgl. Teuteberg/Wiegelmann (1972) S. 27.
446 Vgl. Barthes (1982) S. 72.

Zwei entgegengesetzte Positionen werden durch das Bekenntnis zur Diät angezeigt: Erstens die Zugehörigkeit zu der neuen Ernährungsform, zweitens die Distanz zu den althergebrachten Eßgewohnheiten.[447] Eine moderne Diät ist kein Programm, nach dem sich der zur Gewichtsabnahme bereite Mensch richten muß. Im Gegenteil, jeder stellt seinen Ernährungsplan für sich individuell zusammen. Er sollte dabei auf ausreichende Bewegung achten, auf kohlenhydratreiche sowie fetthaltige Speisen verzichten und das Fertiggericht im Regal des Supermarktes belassen. Stattdessen empfiehlt es sich eiweißhaltige Nahrungsmittel (ohne Fett) zu sich zu nehmen.[448] Es handelt sich hier um nachgereichte Rationalisierungen.[449] Die Körpermaße unterliegen zunehmend Selbstzwängen, bis hin zu verstärkter Selbstkontrolle. Daraus erwächst eine umfassende, gleiche und andauernde Körperkontrolle im Sinne des Zivilisationsprozeßes.[450] Diese Entwicklung erwächst aus einer dem Schlankheitsideal verpflichteten, gesellschaftlichen Einstellung zum Körper, die durch die medizinischen Wertmaßstäbe entscheidend bestimmt wird.[451]

Daneben versuchen Unmengen von Diätratgebern das Abnehmen für den Übergewichtigen zu erleichtern, sprich effektiver zu gestalten.[452] Auf die Ernährung bezogen greift der Abnahmewillige oft zu einer sogenannten Schlankheitsmahlzeit. Hier ist auf der Verpackung die in der Nahrung enthaltene Kalorienzahl exakt aufgeführt. Aus dem immer stärker werdenden Bedürfnis des Einzelnen, Körperumfang und Kalorienzufuhr zu messen, entwickelt sich eine florierende Schlankheitsindustrie. Sie versucht mit Medikamenten, Lektüre, Videos usw. den Verbraucher individuell anzusprechen und ihn dazu zu bewegen, seine überschüssigen Pfunde loszuwerden.[453]

Ganz so eng sollte dieses jedoch nicht gesehen werden. Ein paar Kilo mehr oder weniger sollten in einer auf Zusammenhalt bedachten Gesellschaft nicht ins Gewicht fallen. Jeder einzelne wird daher wieder Freude am Essen erlangen, statt wie bisher für den Verzehr eines Stück Torte moralisch bestraft zu werden.[454] Der einzelne Mensch steht somit nach wie vor in der Verantwortung, gemäß gesundheitlicher Richtlinien, für seinen Körper zu

---

447   Vgl. Barlösius (1999) S. 55/56.
448   Vgl. Strunz (2000) S. 96/97.
449   Vgl. Prahl/Setzwein (1999) S. 104.
450   Vgl. Elias (1999) Bd.II, S. 324.
451   Vgl. Prahl/Setzwein (1999) S. 104.
452   Vgl. Ritzer (1998) S. 87.
453   Vgl. Ritzer (1998) S. 117.
454   Vgl. Weidt (2000) S. 42.

sorgen. Der Verbotscharakter, den die Diät zu Beginn noch ansatzweise mitsichführt, ist heute fast gänzlich dahin. Allenfalls bei krankheitsbedingten, sprich vom Arzt autoritär verordneten Diätmaßnahmen, läßt er sich noch in dem Maße nachweisen, wie oben für die Anfänge der Diätetik erörtert.

Doch auch der religiöse Hintergrund scheint heute noch nicht gänzlich abhanden gekommen zu sein. Noch immer verbinden viele mit einer Diät, bzw. der Entschlackung des Körpers die Vorstellung, von Sünde gereinigt zu werden. Gerade in Zeiten des Überflusses, scheint der Wunsch nach körperlichem Wohlbefinden mit dem nach seelischem Heil einherzugehen.

7.2 Das Fasten

Fasten kann der Mensch auf vielerlei Weise. In Gemeinschaft, alleine, an gewissen Orten (Kliniken), zu einer bestimmten Jahreszeit, mit wenig Nahrung, dem Entzug aller Nahrung oder dem ausschließlichen Konsum einer Speise. Das Eßverbot definiert sich damit auf vielfältige Weise. Die Körpermaße betreffenden Gründe sprechen ebenso für das Fasten, wie eine Antihaltung gegenüber der heutigen Konsumgesellschaft. Derartige Normhintergründe kommen im nachfolgenden Text zur Sprache.

7.2.1 Freiwillig auferlegte Nahrungsverbote

Laut Definition der Weltgesundheitsorganisation ist Gesundheit „der Zustand des vollständigen körperlichen und geistigen und sozialen Wohlbefindens und nicht nur des Freiseins von Krankheit und Gebrechen."[455] Das Fasten ist demnach eine Maßnahme zur Wiederherstellung der körperlichen und seelischen Gesundheit. Hierbei wird freiwilliger Verzicht auf jegliche Art von Nahrung geübt. Der zum Fasten bereite Mensch grenzt sich somit bewußt und gewollt aus der Tischgemeinschaft aus. Das Verbot, keine Nahrung zu sich zu nehmen, keine Sättigung zu verspüren, ist, wie die Diät zuvor, kein sehr striktes im Gegensatz zu anderen Verboten. Fasten ist im religiösen Kontext selbst schon eine Sanktion, die aufgrund der Abkehr von religiösen Vorstellungen verhängt bzw. selbst angeordnet wird. Sie fällt in den Bereich der moralisch/ethischen Sanktionen.[456] Für die Speise bedeutet das, die zeitliche Beschränkung des Verzichts in die Überlegung einzubeziehen.

---

455   Franzkowiak/Sabo (1993) S. 60.
456   Vgl. Radcliffe-Brown (1964) S. 187-189.

Doch parallel zu der im Zusammenhang mit der Diät aufgezeigten geschichtlichen Entwicklung, hat auch das Fasten seinen ursprünglichen Charakter weitestgehends verloren. Der freiwilligen Entsagung ist heute weniger eine religiös motivierte als vielmehr eine rein sozialethisch bestimmte Bedeutung, im Sinne des Schönheits- bzw. Gesundheitsideals, beizumessen. Diese an Körpernormen orientierte Art des Nahrungsverzichts, ist auf sozialen Druck oder ärztlichen Rat zurückzuführen. Beide Begründungen beinhalten den Wunsch nach Anerkennung (schlanke Menschen etwa genießen höheres soziales Ansehen) und das Bestreben, dem Eigenideal näherzukommen. Im ersten Fall ist vom sozial Imaginären zu sprechen, welches unter anderem im Fasten als Symbol für Entsagung seinen Ausdruck findet.[457]

Im religiösen Bereich läßt sich die abwesende Mahlzeit als Akt der Enthaltsamkeit und Selbstkasteiung begreifen. Infolge persönlichen Verzichts auf wohlschmeckende Speisen, strebt der Gläubige einen Opferstatus an. Er unterwirft sich göttlich übersinnlichen Mächten. Der körperliche Vorgang des Fastens dient somit der Schärfung des Inneren (der Seele) gegen über dem Äußeren. Der Zusammenhang zwischen Leib und Seele tritt hier deutlich hervor. Der Blick für Reinheit und Unreinheit bestimmter Eßwaren, beginnt sich zu schärfen. Das Festhalten am religiösen Ritus ist daher die ursprüngliche Bedeutung von Fasten.[458] Um das heutige Phänomen zu erfassen, reicht dieser Begründungsaufweis aber nicht mehr aus.

Weiter führt der Ansatz von R. Barthes. Er geht von einer schematischen Verknüpfung von Sprache und Nahrungszeichen analog der Struktur einer Kommunikation aus. Im Zuge dessen führt er drei Komponenten ein: „Das Bedeutende, das Bedeutete und das Zeichen." Die Unterscheidung dieser drei Bezugsgrößen stammt aus der Sprachwissenschaft. Das Bedeutete bezieht sich auf den zu untersuchenden Gegenstand selbst. Die von ihm ausgehende Botschaft übermittelt das Bedeutende. Letzteres verleiht dem Gegenstand Zeichenstatus.[459]

Übertragen auf das Fasten ergibt sich somit folgendes: Das Fasten ist das Bedeutete. Der Verzicht bzw. das freiwillig auferlegte Verbot auf Nahrung stellt das Bedeutende dar. Die Reinigung des Körpers, die mit dem Nahrungsverzicht einhergeht, steht schließlich als Zeichen für den gesamten Komplex. Die mit dem Fasten verbundene Botschaft ergibt sich aus dem gesellschaftlich kulturellen Umfeld, aus dem heraus das Zeichen gedeutet wird. Der Nahrungsverzicht kann somit Selbstverzicht ebenso symbolisie-

---

457   Vgl. Kleinspehn (1987) S. 18/19.
458   Vgl. Teuteberg (1988) S. 368/369.
459   Vgl. Barthes (1964) S. 88-91.

ren, wie Unabhängigkeit des Selbst (Fremdverzicht). Die jeweilige Bedeutung wird dem Zeichen durch diejenigen beigelegt, die mit ihm, d. h. seiner Bedeutung, vertraut sind, kommunizieren.[460]

In Hinblick auf die Frage nach den Regulierungsbegriffen läßt sich aus diesem Modell schließen, daß der selbstverantwortete Vorgang des Fastens ebenso wie der der selbstverantworteten Diät (bei der ärztlichen Verordnung stellte sich das anders dar) komplexen Begründungs- und Zielnormierungen unterliegt, die durch die Begriffe Tabu, Verbot und Meidung nur bedingt abgedeckt werden können. Am ehesten erfaßt der Meidungsbegriff das Gesagte. Dabei muß allerdings berücksichtigt werden, daß Meidung hier keineswegs nur auf der Verinnerlichung des Fremdzwangs beruht, sondern diesen als Fremdzwang zudem außerhalb seiner bestehen läßt und somit die Richtung auf das Verbot zu offenhält. Entspechend vielgestaltig wird auch die Deutung der Handlung als Zeichen ausfallen. Das spricht ebenfalls gegen eine begrifflich einseitige Einengung des komplexen Vorgangs.

Komplexität ist ebenso ein Charakteristikum des nun folgenden Büfetts. Doch soll vorab eine Zusammenfassung der in den Kapiteln 5-7 gewonnenen Erkenntnisse gegeben werden.

---

460   Vgl. Barthes (1975) S. 67.

8. Zwischenbetrachtung

Der Tabubegriff wurzelt im religiösen Bereich und ist aufgrund seiner Verbindung mit Machtvorstellungen psychischer Art sehr wirkungsstark. Das wird am Beispiel der jüdischen Speisetabus und am christlichen Abendmahl deutlich. Zugleich aber zeigt das Judentum auch den Übergang des Tabus zum Verbot auf. Indem ein Grundwissen um das Tabuierte im Laufe der Geschichte verlorenzugehen droht, muß es schriftlich fixiert werden. Damit wird es aber auch stärker von dem Einzelnen weggerückt und verliert so schließlich an Gültigkeit für ihn (oder die Gruppe). Dieses wird besonders deutlich am Phänomen des Fastens und der Diät. Um dem entgegenzusteuern werden in der Geschichte der Diätetik z.B. zahlreiche Versuche gestartet, den Einzelnen von der Bedeutung der Diät (oder des Fastens) zu überzeugen. Eigenverantwortung sollt so verstärkt erreicht werden. Eine andere Richtung der Entwicklung stellt der Vegetarismus dar. In ihm findet sich zumindest die Tendenz zur Tabuierung durch die Begrifflichkeiten rein/ unrein.

Aus dem Gesagten folgt, daß sich die Stellung des Tabus als dem wirkungsstärksten Regulierungsbegriff als begründet erwiesen hat. Wie u.a. an der Ruodliebspeisung verdeutlicht, kann unsere Kultur ihre religiösen Wurzeln (und damit gesetzt auch den Tabubegriff) nicht verhehlen. Zum anderen aber wird durch den jeweiligen Ausblick in die Moderne die Zentralstellung der Meidung als subjektiv begründete Setzung deutlich. Sie ist nicht der sanktionsstärkste, wohl aber der dem modernen Selbstverständnis am ehesten entsprechende Normbegriff.

Ob sich die Wertung der drei für diese Arbeit zentralen Begrifflichkeiten auch in Blick auf die neuesten Ernährungserscheinungen (also in Hinblick auf die sogenannte Postmoderne) bewehrt? Der Frage wird anhand des Büfetts, des Fast-foods und des Gen-foods nun in einem letzten Block dieser Arbeit nachzugehen sein.

9. Die heiße Schlacht am kalten Büfett

Vom Büfett soll nun im folgenden Abschnitt die Rede sein. Es ist ein Wort französischen Ursprungs und heißt übersetzt Anrichtetisch. Die Speisen werden auch tatsächlich auf einem festlich dekorierten Tisch präsentiert. Jeder ist nun aufgefordert, sich am Tisch vorbeidefilierend zu bedienen. Die Reihenfolge des Gegessenen ist dabei aber keineswegs beliebig. Die Mahlzeit bleibt in ihrer Struktur erhalten. Dennoch gestattet der Aufbau einer kalten Tafel kleine Abweichungen bezüglich der Kombinierbarkeit einzelner Komponenten. Was die Eßtabus, etwaige Verbote sowie Meidungen betrifft, so liefert das kalte Büfett eine ideale Möglichkeit diese in Bahnen zu lenken, so im Falle strenger Normierungen bei der Speisefolge und Anrichtung derselben. Gleichzeitig ist es dem Gast aber unter Umständen gestattet, seine Gier nach Essen ungehemmt auszuleben und so das Selbst auf Kosten der Gemeinschaft auszudehnen. Im nachfolgenden Text kommen alle drei Aspekte gesondert zur Sprache.

9.1 Die Präsentation der Speisen

Ein Büfett wird zumeist anläßlich einer Familienfeier, eines Betriebsfestes oder eines Jubiläums aufgebaut.[461] Der Verlauf eines Festes, in dessen Rahmen eine „Kalte Tafel"[462] erfolgt, ist zumeist ritualisiert. In Abwandlung des Konzeptes von A. Keppler läßt sich folgender Ablauf chematisch festhalten: Nachdem sich alle Gäste versammelt haben, werden sie vom Gastgeber begrüßt. Nach dem Auftragen der Speise auf das kalte Büfett ist der Gast angehalten zuzugreifen. Dieses ist die Hauptphase der Nahrungsaufnahme. Es folgt die Abschlußphase oder der Nachtisch. Hier ist es dem Gast erlaubt, eine Zigarette zu rauchen, eine Tasse Kaffee zu trinken oder ein Glas Wein zusichzunehmen.[463] Vom Ablauf her sind alle Büfettarten gleich, lediglich die Zusammenstellung ist unterschiedlich. Auf einem kalten Büfett werden vornehmlich kalte Speisen serviert. Ein warmes Büfett bietet dem Gast eine Mischung warmer Gerichte. Während auf dem gemischten Büfett, warme und kalte Speisen zu finden sind.[464]

Für ein Büfetts im feierlichen Rahmen, existieren besondere Regeln der Lebensmittelauswahl und der Präsentation derselben. Die Speisen sind auf einem extra Tisch für jeden erreichbar, in einem nicht zu warmen Raum

---

461 Vgl. Miessmer (1999) S. 109.
462 Tolksdorf (1973) S. 124.
463 Vgl. Keppler (1994) S. 55.
464 Vgl. Uffelmann (2000) S. 253.

und in Sichtweite der Gäste angerichtet.[465] Die bisher übliche Mahlzeiten-
präsentation ist damit aufgehoben. Es existieren zwei Tafeln: die erste mit
den Speisen, eine zweite an der die Gäste Platz nehmen.

Die folgenden Punkte verdeutlichen beides: Die gemeinschaftsfördernde
Eigenschaft einer Mahlzeit wird wie traditionell üblich als Stütze geistig
empfundener Gemeinschaftsgefühle eingesetzt. Das gemeinsame Essen
stimmt jeden der Teilnehmer friedlich, weshalb z.B. Streitigkeiten nicht
vor aller Augen ausgetragen werden. Die Personen, die sich an der Tafel
versammeln, sind alle vom gleichen sozialen Rang und weisen ähnliche
Interessen auf. Die Tischgemeinschaft dient hier der horizontalen Vergemeinschaftung.[466] Die gemeinschaftsfördernden Eigenschaften der sozialen
Situation des Essens rücken in den Vordergrund. Das Essen wird funktionalisiert, die eigentliche Nahrungsaufnahme tritt dabei zurück.[467]

Letzterem Aspekt entsprechend sind die üblichen Normierungen betreffs
der Abfolge einzelner Gerichte und ihrer Kombinierbarkeit aufgehoben.
Wie die Tischgemeinschaft, so wird auch das Essen funktionalisiert. Die
„gestaltete Speise"[468] wird nicht nur zum Zweck der Einverleibung präsentiert. So kommen Schaustücke zum Einsatz, die das gehobene Niveau der
Küche unterstreichen. „Ganze Bratenstücke vom Schlachtfleisch, Wild
oder Geflügel, verleihen Ausdruck und Natürlichkeit."[469]

Zugleich soll und darf aber auch gegessen werden. Das Kochen wird zu
einer Kunst erhoben. Der Koch selbst bezeichnet sich als „Gardeman-
ger."[470] Die Bedeutung dieses Sachverhaltes drückt sich in der Auswahl der
Platten aus. Niemals wird eine zu große Platte verwendet oder dieselbe mit
Nahrungsmitteln überladen. Der Übersichtlichkeit der dargereichten Lebensmittel für die Gäste, kommen die Köche mit entsprechenden Schablo-
nen entgegen. Je nachdem welche Art Platte zu belegen und mit welcher
Art von Nahrung zu garnieren ist, wählen die Köche die geeignete Scha-
blone für genau diese Platte aus.[471] Die Kochkunst wird damit auf die Anwendung neuer küchentechnischer Möglichkeiten überprüft, die im Stande

465   Vgl. Miesmer (1999) S. 22.
466   Vgl. Barlösius (1999) S. 192.
467   Vgl. Barlösius (1999) S. 171. Dieses kann mit M. Weber (1972) S. 264 als „di-
      rekte Dienstbarmachung" begriffen werden.
468   Barlösius/Manz (1988) S. 735.
469   Miessmer (1999) S. 19.
470   Vgl. Miessmer (1999) S. 222.
471   Vgl. Miessmer (1999) S. 19.

sind, dem ästhetischen Gestaltungsbedürfnis der Gesellschaft nachzukommen.

Das Büfett verlangt nach einer Präsentation der Speisen, bei der alle Sinne des Gastes angesprochen werden. Beim Aufbau desselben befinden sich die Gäste meist bereits schon im Saal, so daß eine perfekte Garnierung und Bestückung der einzelnen Platten diese neugierig macht[472] und so gleichsam als Aperitif wirkt.

Eine ganz moderne Art der Nahrungsmitteldekoration und Zurschaustellung bietet die futuristische Küche. Die Nahrung ist von ihrem Genußwert entbunden.[473] So werden Kreationen aufgetischt, die von der Zusammenstellung her ungewöhnlich sind und daher eher an ein Kunstwerk, als an etwas Eßbares erinnern. Beispielsweise die vom Begründer der futuristischen Küche, dem Maler Fillia, entworfene Fleischplastik. Sie besteht aus Kalbfleisch mit Gemüse gefüllt und einer Honigglasur. Als Dekoration dienen Hühnerfleischkugeln.[474] Bei dem Experiment handelt es sich um einen Erneuerungsversuch der italienischen Küche. Das Grundnahrungsmittel aller Italiener die „Pasta asciutta"[475] soll abgeschafft werden. An deren Stelle wird lediglich auf den künstlerischen Aspekt des Kochens und der Gestaltung hingewiesen und wie das Zubereitete auf dem Büfett dementsprechend präsentiert werden kann. Die angemessenen Repräsentationen eines solchen Essens schaffen soziale Anerkennung. Eine Art der Bestätigung, wie sie schon seit alters her üblich ist, hier jedoch in den Vordergrund tritt.

Die praktische Organisation eines geschlossenen Büfetts richtet sich nach den Wünschen des Gastgebers. Eine Selbstbedienung der Gäste kommt ebenso in Frage, wie eine Reichung der Speisen durch Bedienungspersonal hinter dem Büfett. Der Aufbau der Speisen geschieht in der Menüfolge. Als erstes kommt das Geschirr, gefolgt von der Vorspeise, den Salaten, Fleisch- bzw. Fischplatten. Schließlich folgt der Käsebereich, die Schalen mit dem Nachtisch sowie das Obst. Die Platzierung von Butter und Brot bleibt dem Koch überlassen. Er kann diese unmittelbar nach den Tellern oder am Schluß des Büfetts unterbringen.[476] Zur Anschaulichkeit dieser Schematik, hier die Darstellung des Aufbaus eines kleinen Büfetts.

---

472   Vgl. Miessmer (1999) S. 227.

473   Vgl. Barlösius/Manz (1988) S. 735, Fußn.13.

474   Vgl. Marinetti (1983) S. 1983.

475   Marinetti (1983) S. 22.

476   Vgl. Miessmer (1999) S. 25.

Abbildung 5
Aufbau eines kleinen Büfetts

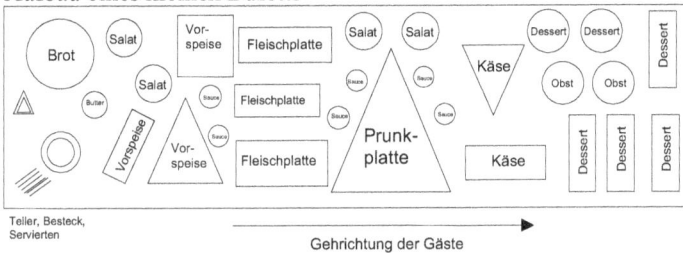

Brot	Salat	Vor-speise	Fleischplatte	Salat	Salat		Dessert	Dessert	Dessert
					Käse				
	Salat		Fleischplatte	Sauce	Sauce		Obst	Obst	
△	Butter			Sauce					
○	Vorspeise	Vor-speise	Fleischplatte	Prunk-platte	Käse		Dessert	Dessert	Dessert

Teller, Besteck,
Servierten

Gehrichtung der Gäste ▶

Zeichnung aus Miessmer, U. (1999): Das Büfett, S. 25.

Als Anregung für die nächsten professionell eingerichteten Büfetts, verteilt der Organisator am Schluß der Feierlichkeiten oftmals einen Fragebogen an seine Kunden. Hier werden alle organisatorischen Punkte, betreffs der Speisen und allgemeiner Büfettorganisation, abgefragt.[477] Vom Aufbau bis zum Nachgespräch tritt somit der stark funktionale Aspekt dieser Mahlzeitsform in den Vordergrund.

Doch darf bei der Vielzahl der Fremdinteressen und all der ästhetischen Glasur eigentlich noch ausreichend gegessen werden?

9.2 Die beginnende Ent-Normierung des Essers

Das kalte Büfett bietet auch die Möglichkeit zu einer „genußspezifischen Eigengestaltung"[478] der Gerichte. Der Einzelne kann nach Belieben sich bedienen und unterliegt allein an seinem Platz in der Tischgemeinschaft noch bestimmten gruppenspezifischen Normen. Da aber ein jeder zu dem Büfett antritt unter dem Motto, gut und viel zu speisen, wird die Normierung in Hinblick auf die Menge und die Auswahl der Speisen in die Eigenverantwortung des Einzelnen und seines Magens gelegt. In den so gegebenen individuelllen Grenzen, darf er sich nun frei bewegen. Alle Speisen sind für ihn im Überfluß vorhanden oder werden gegebenenfalls vom Personal aufgefüllt. Die sich hier abzeichnende Tendenz der Entnormierung wird heutzutage in überspannt charakterisierter Form sogar schon besungen.

Das kalte Büfett mit seinen vielen Speisen, seinen Gästen und dem Bedienungspersonal ist so u.a.Thema eines Liedes von Reinhard Mey. Hier wird

---

477   Siehe dazu Miessmer (1999) S. 245/246.
478   Barlösius/Manz (1988) S. 739.

95

in grotesker, satirischer Weise der Gang zum kalten Büfett beschrieben. Beim Anblick eines solchen reichlich gedeckten Tisches entwickeln sich in den Teilnehmern Jagdinstinkte.[479] Doch zunächst ertönt das Schlachtsignal. Die Meute der hungrigen Esser drängt sich die Treppe hinauf. Jeder versucht das meiste und das beste Essen zu ergattern. Dies resultiert, so der Soziologe Dienstag, aus der tiefsitzenden Angst, dem eigenen Anspruch nicht genügend viel Nahrung zu bekommen. Hinzu kommt der erwünschte Wegfall vieler erlernter Zwänge und Normierungen.[480] Die Teilnehmer geben sich im Lied dem Eßgenuß hemmungslos hin. Sie rülpsen, grunzen und quieken dabei. Schließlich sind sie gesättigt und räumen das Feld. Jedoch nicht ohne sich vorher die Taschen mit den übriggebliebenen Speisen vollzustecken.[481] Die prekäre, auf Eßgier zugeschnittene Situation des im Gesang beschriebenen kalten Büfetts, beschwört einen wahren Freßtypus hervor. Still und mit sich zufrieden liegt er da: der „Meistesser." Je mehr er gegessen hat, um so zufriedener ist er. Durch die erlangte Befriedigung erhöht sich zudem sein Machtpotential und gegebenenfalls sein gesellschaftliches Ansehen.[482]

Die Tendenz hin zur Eigenverantwortung bei der gleichzeitigen festen Rahmenbedingtheit ist aber m.E. aus dem Dargelegten deutlich geworden. Deshalb gilt es abschließend noch zu betrachten, welche Konsequenzen sich hieraus für den Zusammenhalt der Mahlgemeinschaft ergeben.

9.3 Die Gemeinschaftsgrenzen

Um eine Nahrungsaufnahmeart als eine solche zu begreifen, ist es nötig, sich ihrer Position, die sie im Nahrungssystem einnimmt, gewiß zu werden. Dazu muß der soziale Raum, in dem die Mahlzeit stattfindet, ausfindig gemacht werden. Hinzu kommt die Inbezugsetzung zu einer bestimmten Form des äußeren Arrangements.

Hieraus ergibt sich eine Darstellungsform, die den Ort der Speisung, die Speise selbst und die Person, die sich dieses einverleibt, zueinander in Beziehung setzt. Für das Büfett läßt sich die Abhängigkeit zwischen sozialem Raum und der formalen Gestaltung deutlich erfassen. Die Mahlzeit ist hier Mittel zum Zweck (Familienfeier, Geschäftsempfang etc.). Dementsprechend wurden zwei Räume konstruiert in Form von zwei Mahltischen, an denen je unterschiedliche Normen gelten. Ist der Präsentations- und An-

---

479   Vgl. Karmasin (1999) S. 105.
480   Vgl. Dienstag (1977) S. 93.
481   Vgl. Buchner (1978) S. 150/151.
482   Canetti (1976) S. 243.

richtetisch bis ins letzte durchorganisiert und gilt zum großen Teil der Repräsentation, so ist der Tisch zum Nahrungsverzehr den traditionellen Tischmanieren unterworfen. Hier allein tritt bereits die Funktionalität des Büfetts hervor. Das Tischgespräch erhält im allgemeinen eine wesentlich höhere Bedeutung, als sie der Sättigung zugeschrieben wird. Daß letztere nicht unterbleibt, sondern im Gegenteil für den Einzelnen je nach Belieben auch vor dem Gespräch zu stehen kommen kann, dafür sorgt der Freiraum, den der Gang von einem Tisch zum anderen bietet. Er ermöglicht (dezente) Völlerei ebenso, wie einseitige oder mangelhafte Ernährung. Je nach Ermessen des Einzelnen.

Noch eine weitere Beziehung von sozialer Gruppe und Arrangement einer Mahlzeit soll hier kurz angesprochen werden. Die Gesellschaftsschicht und die sich daraus ergebende Nahrungsauswahl, lassen auch die Bevorzugung für eine bestimmte Art der Speisendarreichung erkennen.[483] Für das Büfett ergibt sich, um ein beliebiges Beispiel zu wählen, folgende Reihe: Büfett-Kavier-Manager. Der Grund für die Anordnung zu einer solchen liegt in dem Verhaltnis der Person(engruppe) zu ihrem Körper. Dieses differiert wie G. Kuhn überzeugend zeigt, schichtenspezifisch. So bevorzugt der Manager jene Speisen, die er mit dem Eßbesteck verzehren kann. Letzteres schließt auf ein distanziertes Verhältnis zu seinem Körper, welches sich auf die Beziehung zur Gemeinschaft überträgt.[484] Dem Arbeiter bleibt nach dieser Deutung ein kaltes Büfett mit Kaviar versagt. Ein solches dürfte sich jedoch allein schon aus finanziellen Gründen erübrigen.

Die soeben vorgestellte Erklärung könnte dazu Anlaß geben, Nahrungsmittelablehnungen einseitig, schichten- und körperspezifisch zu deuten. Eine dies vermeidende, weitreichende Ansicht vertritt P. Falk. Er sieht im Anschluß an Elias für grundlegend an, daß die Nahrung nicht nur der Ernährung sondern auch der Identitätsstabilisierung dient. Das ganze System von Eßverboten, Tabus und Meidungen beruht daher auf Körper- und Gruppengrenzen, die der einzelne Esser (bewusst oder unbewusst) übernimmt und zu seiner Identitätsbildung einsetzt.[485]

Für die Mahlzeit im allgemeinen bedeutet diese Sichtweise ein Zurücktreten des sozialen Aspektes zugunsten des Individuellen. Das zeichnet sich auch daran ab, daß Orale-Nebenbeteiligungen, wie die Süßigkeit oder der kleine Snack zwischendurch, mehr und mehr die Eßgewohnheiten prä-

---

483 Vgl. Bourdieu (1992) S. 194/195.
484 Vgl. Kuhn (1995) S. 90.
485 Vgl. Falk (1994) S. 103.

gen.[486] Essen wird zunehmend zu einem Akt der Selbst-Erfüllung, da Körper und Ego durch Nahrung befriedigt werden wollen. Hierin und in den diversen Ausprägungen des „nicht-rituellen Essens (Snacks)" deutet sich der Niedergang der Mahlzeit als ein Gemeinschaftsereignis an.[487] Subtil angelegt und zugleich aufgefangen erscheint sie im Büfett, welches beidem, der Gemeinschaft und dem Individuum, zu genügen versucht.

---

486   Vgl. Falk (1994) S. 118.
487   Falk (1994) S. 117.

10. Die Auflösung der Tischgemeinschaft

Über die Auflösung der Tischgemeinschaft ist viel geschrieben worden. Die einschlägige Literatur dazu beschäftigt sich mit dem Thema Fast-Food, seinen Ausprägungen sowie den gesellschaftlichen Folgen dieses Eßstils. Die Familienmahlzeit wird zunehmend rationalisiert. Fertiggerichte entlasten die Hausfrau/den Hausmann von ihrer/seiner Aufgabe, die Familie mit dem täglichen Essen zu versorgen. Jene Gerichte, in der Mikrowelle oder im Topf aufgewärmt, stehen derart schnell auf dem häuslichen Küchentisch, daß sich eine gemeinsame Mahlzeit oftmals erübrigt. Jeder kann zu jeder Zeit seinen Hunger stillen. In der Konsequenz dieser Entwicklungstendenz liegt dann auch der Weg in den Schnellimbiß an der Ecke. Wird der häusliche Tisch beliebig und einsam, so ist der Schritt zur billigen Außerhausspeise nicht mehr weit. Einer vorrangig auf Wirtschaftlichkeit bedachten Gesellschaft, in der Zeit Geld ist, kommt solch ein Trend entgegen.

Im folgenden wird nun zuerst die Frage nach einem passenden Theoriekonzept nochmals anzusprechen sein, in dem diese neuere Entwicklung angemessen erfaßt werden kann. Dann werde ich das Phänomen des Fastfood-Restaurants näher betrachten, um abschließend, die sich hinter den Einzelphänomenen verbergende gesamtgesellschaftliche Tendenz, eingehend zu erörtern.

10.1 Der Individualismus und die Ernährung

Mit dem 19.Jh. treten die Phänomene Individualisierung und Modernisierung zusehends ins öffentliche Bewußtsein.[488] Das Individuum, als ein aus sich selbst heraus agierendes Wesen, ist den Römern noch so gut wie unbekannt. Die Gruppenidentität des Einzelnen, seine „Wir-, Ihr- und Sie-Identität"[489], wird in der antiken Welt um ein vielfaches höher als die „Ich-Identität" desselben eingeschätzt.[490] Die beiden Aspekte des eines jeden Menschen Besonderen („Ich-Identität") und des allen Gemeinsamen („Wir-Identität"), laufen in dem Begriff „sozialer Habitus" zusammen. In diesem findet sich in bezug auf das soziale Umfeld dasjenige wieder, was den Einzelnen ausmacht, seine ganz persönlichen Merkmale, die ihn als Menschen zugleich von den anderen Menschen unterscheiden. Diese „Ich-Wir-Identität" bildet den Kern des soeben vorgestellten Begriffes des „sozialen

---

488   Vgl. Elias (1987) S. 217.
489   Elias (1987) S. 213.
490   Elias (1987) S. 210/211.

Habitus." So charakterisiert, schließt er die zunehmende Tendenz zur Individualisierung ein. In ihr spiegeln sich sämtliche vom Einzelnen im Laufe seiner Entwicklung gesammelten Erfahrungen wieder. Gerade die unterschiedlichsten persönlichen Erlebnisse sind es, die in seinem Gedächtnis haften bleiben. Sie bieten ihm die Chance zur Individualisierung, das heißt, zu einer verstärkten Ausprägung seiner „Ich-Identität."[491]

Die wachsende Individualisierung zeigt sich auf den verschiedenen Gebieten. Zunächst sind die Menschen in der Lage, schneller und bequemer größere Entfernungen zu überwinden.[492] Eine wachsende Mobilität also. Daraus ergibt sich eine fortschreitende Verantwortung für sich selbst, wo und mit wem der Einzelne sich umgibt.[493] Schließlich ist das Individuum dadurch weniger an soziale Einheiten, wie die Familie, gebunden.[494] Die Folge ist, eine Verlagerung des Identitätsmusters zugunsten der „Ich-Identität."[495] Mit anderen Worten, die Menschen sind nun nicht mehr an etwaige Verbände (Sippe, Heimatort oder Stamm) gebunden.[496] Die zwischenmenschlichen Beziehungen werden in zunehmender Weise auswechselbar. Auf der anderen Seite erfordert die Pflege derartiger Freiwilligkeitsbindungen eine höhere Sensibilität von den Teilnehmenden als frühe, traditionall vorgegebene Verbände.[497]

Der andere Begriff, die Modernisierung, geht mit dem der Rationalisierung einher. In Hinblick auf die Fast-food-Kultur besagt das: Die in ihr sich wiederspiegelnde sogenannte Modernisierung ist Teil der die ganze Gesellschaft in ihrer wissenschaftlich-technischen bzw. wirtschaftlichen Weise prägenden Entwicklung. Der Akzent der prozeßhaft vorgestellten Entwicklung liegt hierbei auf der „Wir-Identität" der betreffenden Gesellschaft oder des Landes.[498] Der Verlauf eines derartigen Prozesses geht schubweise voran und ist insofern weder stetig noch linear steigend zu sehen. Stagnationen oder gar Rückschritte lassen sich dergestalt verstehen, daß sich durch das Festhalten am bisherigen Identitätsmuster („Wir-Identität") bei der Entwicklung zu einer neuen Integrationsstufe ein Zwiespalt auftun kann.[499]

491 Elias (1987) S. 244.
492 Vgl. Elias (1987) S. 219.
493 Vgl. Elias (1987) S. 236.
494 Vgl. Elias (1987) S. 225.
495 Elias (1987) S. 239.
496 Vgl. Elias (1987) S. 241/242.
497 Vgl. Elias (1987) S. 272/273.
498 Elias (1987) S. 237/238.
499 Elias (1987) S. 304.

Übertragen auf die Mahlzeit besagt das: Indem die Auflösung der Tischgemeinschaft beginnt, ist der Einzelne dem Mechanismus der sozialen Kontrolle zunehmend entnommen. Die Anforderungen an ihn, seine Ernährungsgewohnheiten im höchsten Maße nach persönlichen Vorlieben zu gestalten, nehmen zu. Hieraus wird der im Verlauf des Textes noch zur Sprache kommende Trend zu einer anonymen, sozial-egalitären, unkonventionellen und nicht häuslichen Massenverpflegung deutlich.[500] Eine Tendenz, die sich im Verlauf des Zivilisationsprozesses herausgebildet hat.

Verständnisorientierung bietet zunächst die von Elias herausgearbeitete These einer Verschiebung der individuell-körperlichen Seite (Nahrungsbedürfnis) zugunsten des sozialen Anteils (Normen) der Mahlzeit.[501] Prägend für eine derartige Entwicklung ist die Umwandlung von Fremdzwängen in Selbstzwänge, aus der eine Zurückhaltung von Affekten und eine zunehmende Regulierung von Trieben resultiert.[502] Dieses manifestiert sich in einem Vorrücken der Schamgrenze[503] und der Peinlichkeitswelle.[504] Damit ist schließlich eine Änderung der Affektlage, der Sensibilität und der Empfindlichkeit in Richtung auf die Verinnerlichung der sozialen Normen gegeben.[505]

Anders argumentiert Margot Berghaus. Sie vertritt eine zuerst einmal zu der von Elias entgegengesetzt scheinende These. Laut Berghaus nimmt der Einfluß der sozial verbindlichen Verhaltensmuster während einer Mahlzeit ab, während eigenverantwortliches Verhalten zunimmt. Es handelt sich dieser Deutung folgend also nicht um eine weitergehende Verinnerlichung der gegebenen Sozialzwänge, sondern mehr noch um die Selbstsetzung von Zwängen. Beide Komponenten zeigen sich in der Freiheit des Einzelnen, über seine Essenszeit ebenso wie über die Anzahl der täglichen Gerichte frei zu entscheiden. Selbst der Geschmack paßt sich dem modernen Ernährungtrend (Fast-food) an. Die gesellschaftliche Normierung des Essens geht, laut Berghaus, in Richtung auf eine zunehmende Selbstbewertung u. a. auch des Geschmacks. Das Essen wird als eine Art der Entfaltung persönlicher Wünsche und Bedürfnisse gesehen. Daneben liegt es im individuellen Ermessen des Einzelnen, Nahrungsauswahl zu treffen. Die Vorprägung eines derartigen Regelmechanismus erfolgt in der Phase der

---

500   Vgl. Ernährungsbericht (1976) S. 415.
501   Vgl. Berghaus (1984) S. 248/249.
502   Vgl. Elias (1999) Bd. II, S. 354.
503   Vgl. Elias (1998) Bd. I, S. 226.
504   Vgl. Elias (1998) Bd. I, S. 310/311.
505   Vgl. Elias (1998) Bd.I, S. 247.

Sozialisation[506] sowie durch Institutionen wie etwa die Schule. Letztlich muß aber auch Berghaus einräumen, daß die Auswahl dessen, was gegessen bzw. abgelehnt wird, nicht allein in den Bereich des autonomgedachten Subjekts fällt. Sie ist mit Ängsten und Unsicherheiten verbunden, den gesellschaftlich vorhandenen und individuell gesetzten Bedürfnissen zugleich entsprechend, die Nahrung auszuwählen.[507] Das heißt, sowohl die Individualernährung nimmt zu, als auch die Ängste bezüglich der Richtigkeit der so gesetzten Ernährung. Letztlich beschreibt auch Berghaus damit den Trend zur Individualisierung, wie er von Elias in einem seiner letzten Aufsätze[508] ausführlich dargestellt wird. Die Kritik der Autorin an Elias bezieht sich v.a. auf das in „Über den Prozeß der Zivilisation" entfaltete Konzept. Sie verfolgt die von N. Elias vertretene Theorie, wie gezeigt, auf ihr aufbauend weiter. Bezugspunkt ist bei ihr die Gesellschaft des 20. Jahrhunderts. Hieran ist ihr Hauptkritikpunkt, die Ausblendung des Gemeinschaftsaspektes während der Mahlzeiteinnahme. Genau jenen erkennt aber auch Elias in dem erwähnten Aufsatz. Er diskutiert anhand gesellschaftlicher Beispiele die Herausbildung des Individuums zu dem sozial bedeutsamsten Faktor. Für ihn geht die Gesellschaftsentwicklung hin zu einer Verstärkung der Ich-Identität mit dem Anspruch an den Einzelnen, etwas besonderes, individuelles zu sein. Bezüglich der Mahlzeit kommen letztlich beide, Elias wie Berghaus, zu dem Ergebnis, daß die Tendenz dahin geht, sämtliche mit der Ernährung verbundenen Faktoren, an den eigenen Bedürfnissen orientiert zu gestalten.

Auf welche Weise und in welcher Art von Eßstil bzw. Konsumverhalten der soeben beschriebene Sachverhalt mündet, zeigt das nachfolgende Kapitel.

10.1.1 Egalität am Imbiß und im Fast-food-Restaurant

Das schnelle Essen hat es schon immer gegeben. Bereits im alten Rom versorgt sich das Volk an Imbissen mit einer warmen Mahlzeit.[509] Aber auch die übrigen Römer schätzen das kleine Gericht, welches an öffentlichen Einrichtungen wie Badehäusern gereicht wird. Den Hunger zwischendurch an öffentlichen Plätzen und Einrichtungen zu stillen, ist also keine Erfindung der Moderne. Dennoch trägt die moderne Industriegesellschaft ent-

---

506   Siehe dazu Kapitel 4.1.
507   Vgl. Berghaus (1984) S. 251-253.
508   Elias, „Die Gesellschaft der Individuen."
509   Vgl. Paczensky/Dünnebier (1999) S. 126-128.

scheidend zur breiten gesellschaftlichen Akzeptanz des schnellen Essens bei.[510]

Der Imbiß, hierunter fallen auch Fast-food-Restaurants und Schnellrestaurants, ist ein eigenständiger Zweig des Gastgewerbes. Seine Ausrichtung geschieht nach verkaufs- und kosumorientierten Aspekten.[511] Oberstes Prinzip ist die Erreichung eines bestmöglichen Ziels mit den geringstmöglichen Mitteln *(Effizienz)*.[512] In einer auf diesem Relationsprinzip basierenden Gesellschaft sind die Menschen kaum willens, sich auf die Suche nach alltäglicher Gemütlichkeit zu begeben. Statt dessen sind die Möglichkeiten, die sich zur Auslebung des Effizienzprinzips anbieten, bereits in der Gesellschaft institutionalisiert und vom Einzelnen nur zu übernehmen. Worauf in Kapitel 9.2 näher eingegangen wird.[513]

Das Fast-food-Restaurant trägt seinerseits zur Straffung der Bedürfnisbefriedigung bei. So ermöglicht der Autoschalter an vielen dieser Lokale eine äußerst raum- und zeitsparende Art des Ankaufs und der Nahrungsaufnahme. Es bedarf keinerlei Parkplätze zum Abstellen der Fahrzeuge. Stattdessen fährt der Kunde mit seinem PKW an einen eigens gebauten Schalter, bestellt seine Ware, nimmt sie in Empfang und fährt ab. Aus der Sicht des Schnellrestaurants eine sehr wirtschaftliche Art der Kundenbedienung. Tische, Stühle, Müll-Entsorgungskräfte, all dieses entfällt.[514] Spezielle Kundenwünsche zu erfüllen, ist das letzte, was einer derartigen Einrichtung abverlangt werden kann. Der Kunde hat sich dem auf der Speisekarte stehenden Angebot zu fügen. Das Restaurant handelt immer nach seinen, auf Effizienz ausgerichteten Regeln. Die hat der Kunde, in Form des auf der Speisekarte stehenden Angebots, zu übernehmen, bzw. ihre Folgen so zu akzeptieren.[515]

Ein weiteres Prinzip des Fast-food ist hiermit bereits angesprochen, die *Berechenbarkeit*. Allgemein fallen unter sie Mengen, die der Zählung, Quantifizierung oder Abwägung bedürfen. Es entsteht beim Kunden das Gefühl, viel Essen für wenig Geld zu bekommen. Die Umverpackungen der einzelnen Speisen unterstützen diesen Eindruck. Sie sind derart konstruiert, daß die Illusion der großen Menge bei kleinem Preis erhalten

---

510   Vgl. Prahl/Setzwein (1999) S. 198.
511   Vgl. Wagner (1993) S. 77.
512   Berger/Luckmann (1970) S. 56 bezeichnen dieses als „Habitualisierung."
513   Vgl. Ritzer (1998) S. 67/68.
514   Vgl. Ritzer (1998) S. 73/74.
515   Vgl. Ritzer (1998) S. 81.

bleibt.[516] Der Kunde verläßt schließlich das Lokal in dem Glauben, ein gutes Geschäft gemacht zu haben.[517]

In einer auf Rationalität ausgerichteten Gesellschaft ist *Vorhersehbarkeit* angesagt. Jeder möchte wissen, was ihm zu welchem Zeitpunkt bevorsteht. Aus diesem Grund legen sich McDonald`s und andere Ketten ein auffälliges Logo zu. Jener Doppelbogen vermittelt die Gewißheit, eines immer gleichen Speiseangebotes. Das Essen wird vorhersehbar gemacht, ebenso wie das Verkaufsgespräch und die Verpackung.[518] Diesen Ansprüchen entspricht auch der Arbeitsplatz im Schnellrestaurant. Er ist stark auf die *Kontrolle* der menschlichen Arbeitskraft sowie deren weitestgehenden Ersatz durch nicht-menschliche Technologien ausgerichtet.[519] Zur Erläuterung dieser Tatsache, sei der Kochvorgang im Fast-food- Gewerbe kurz erwähnt.

Einen Koch als solchen, zwecks Zubereitung der Speisen, gibt es nicht mehr. Die Speisen werden bereits vorgeformt und vorgeschnitten angeliefert. Dem Angestellten obliegt es lediglich, die Ware zu erhitzen. Mit gutem Recht kann daher von ihm als einem gut funktionierenden Roboter gesprochen werden.[520]

Genannte Punkte beschreiben die Grundstruktur dessen, was Ritzer als McDoanldisierung der Gesellschaft bezeichnet. Auf den Prozeß selbst, wird in Kapitel 9.2. noch einzugehen sein. An dieser Stelle geht es jedoch um den sozialen Ort, den Treffpunkt Gleichgesinnter.[521]

Hier scheinen, laut Baumann, Koch und Kunde den gleichen Ansprüchen unterworfen. Beide stehen gleichsam auf einer Stufe. Die so gegebene neue Mahl-Situation ist jedoch nur scheinbar so egalitär. Reste autoritärer Machtgefüge finden sich auch hier. Sie äußern sich aber eher unterschwellig, etwa in der (Nicht-) Beherrschung des der Imbißsituation angemessenen Verhaltensrepertoires.[522]

---

516   Vgl. Ritzer (1998) S. 113.

517   Vgl. Ritzer (1998) S. 109/110.

518   Vgl. Ritzer (1998) S. 143-147.

519   Vgl. Ritzer (1998) S. 171.

520   Vgl. Ritzer (1998) S. 179-181.

521   Vgl. dazu Baumann (1980) S. 35.

522   Vgl. Baumann (1980) S. 33.

Dieses vermag ein kurzer und typischer Imbißdialog zu illustrieren:

B: (Mädchen, 10 J.): „Ich möchte eine Portion Pommes frites!"

I: (Imbiß-Koch): „So, einmal Pommes! Mit viel Ketchup auf?"

B: „Ja!"[523]

Die dabei gebrauchte Sprache ist ganz auf die Kürze, die Schnelle und die Funktionalität der Situation abgestimmt.[524] Das Gespräch ist in seiner Wortwahl beschränkt, nahezu rudimentär. Mit Tolksdorf kann von einer „beschädigten Kommunikation"[525] gesprochen werden. Der Dialog findet allerhöchstens dann seine Fortsetzung, wenn keine eindeutige Bestellangabe des gewünschten Nahrungsmittels vorliegt und der Imbiß-Koch nachfragen muß.[526]

Die Imbißbude „gleicht einer Art öffentlicher Kochnische", in der schnell gegessen und wenig, aber gewinnbringend, kommuniziert wird.[527] Der Kunde fordert seine Ware vor der Kulisse von Grills, Backöfen und Friteusen. Das bestellte Nahrungsmittel ist meist nur noch aufzuwärmen. Einen Koch- oder Bratvorgang als solchen gibt es nicht mehr. Der Kunde ist Käufer und Bewirter seiner selbst.[528] Die Einverleibung der Nahrung stellt ein allumfassendes Geschmackserlebnis dar. Die Esseneinnahme mit den Fingern ist erwünscht, Genuß aus erster Hand sozusagen. Das Bekleckern des Tisches bzw. der Unterlage ist ebenso erlaubt, wie das Ablecken der mit Ketschup- oder Majonaise beschmierten Hände. Die Kleidung darf getrost von einer ganzkörperlichen, genußvollen Mahlzeit zeugen. Schmatzen unterstreicht den Appetit und den Genußwert der Ware. Ein lautes Bäuerchen am Schluß der Mahlzeit, teilt auch den Umsitzenden mit, daß diese Nahrung einfach lecker gewesen ist.[529] Geradezu ein Schlaraffenland in dem jedem Esser jede Art und Menge von Pommes frites, Hamburgern und ähnlichem zur Verfügung stehen.[530] Es bietet sich Eßspaß für jede Gelegenheit. Jung, sauber, zweckmäßig, sicher, demokratisch, egalitär, alles Zeichen für eine besondere Welt, die von McDonald`s.[531]

---

523   Tolksdorf (1981) S. 150.

524   Vgl. Tolksdorf (1981) S. 151.

525   Tolksdorf (1981) S. 151.

526   Vgl. Tolksdorf (1981) S. 152.

527   Rath (1984) S. 192.

528   Vgl. Baumann (1980) S. 51-55.

529   Zu den einzelnen Aspekten (ohne Begründung) Vgl. Rogge (1986) S. 24.

530   Vgl. Wagner (1993) S. 158.

531   Vgl. Karmasin (1999) S. 177. Hierzu meinen Kritiker der Fast-food Riese verführe Kinder. Weiteres dazu bei Pater (1994) S. 35-37.

Besonders ist auch, daß der Nahrungsverzehr im Angesicht von Abfallei-
mern erfolgt. Der Service in einem Systemgastronomiebetrieb ist demnach
ganz auf die Mithilfe des Kunden ausgerichtet. Dieser ist angehalten, sich
sein bestelltes Essen sowohl selbst zu servieren, nachdem er es bereits im
voraus bezahlt hat, als auch am Ende der Mahlzeit die Reste eigenhändig
in den dazu aufgestellten Mülleimern zu entsorgen.

Die von Homolka aufgestellte These, das Fast-food wirkt dem unaufhalt-
samen Manierenverfall und der Gier bei Tisch entgegen, erscheint zwar auf
den ersten Blick fragwürdig, bekommt aber nicht zuletzt durch den Aspekt
der Integration des Kunden in den Servicebereich eine gewisse Plausibili-
tät.[532] Tabus, Verbote oder Meidungen betreffs des Eßverhaltens gibt es
beim Verzehr der Mahlzeit zwar nicht mehr. Der Fast-food Konsument
gibt sich seinem Nahrungsmittel mit Wonne hin. Doch auch hierbei geht es
nicht ganz regellos zu. Denn alleine dadurch, daß er sich selbst in einem
öffentlichen Raum im wahrsten Sinne des Wortes eigenhändig verpflegen
muß, unterliegt er den dort üblichen Mechanismen und Normen der nun
darzulegenden McDonaldisierung.

10.2 Die McDonaldisierung der Gesellschaft

Die Idee, die die Fast-food Kette McDonald's auszeichnet, beinhaltet Ein-
zelhändler auf eigene Rechnung unter Verkauf der Unternehmensrechte
wirtschaften zu lassen. Sie besteht seit Ende des amerikanischen Bürger-
krieges und ist von der Nähmaschinenfirma Singer erdacht. Dieses sogenannte Franchising-Konzept ist bereits vor der Gründung von McDonald's
um die Jahrhundertwende in die Praxis umgesetzt.[533] Die Urheber der
McDonald's Idee sind Ray Kroc sowie die Gebrüder McDonald. Ray Kroc,
ein ehemaliger Verkäufer von Multimixern, entwickelt schnell ein Gespür
für gute Geschäftsideen. Im Zuge seiner Geschäftstätigkeit fällt ihm eine
Order der Brüder Dick und Mac McDonald über acht Multimixer in die
Hände. Er stellt Nachforschungen über die Geschäftsidee an und erfährt so
nebenbei, daß beide Brüder auf der Suche nach Franchise-Partnern sind.
Sie legen ihm ein fertiges Konzept einer Fast-food Kette mit goldenen Bö-
gen als Firmenzeichen vor. Kroc findet daran Gefallen.[534] Die Gründung
der Firma „McDonald's System, Inc." erfolgt im März 1955.[535] Anzumerken bleibt, daß Ray Kroc kaum eine neue Idee betreffs des schnellen Es-

---

532   Vgl. Homolka (1989) S. 219.

533   Vgl. Love (1989) S. 62.

534   Vgl. Wagner (1995) S. 161/162.

535   Love (1989) S. 61.

sens hervorbringt. Es ist vielmehr die Kombination aus Fließbandarbeit, durchdachter Betriebsführung sowie die Übernahme einzelner Prinzipien aus anderen Filialunternehmen, die Kroc`s Konzept so einzigartig macht.[536] Zwecks Umsetzung und Einhaltung der Vorgaben erscheint ein fünfzehnseitiges Handbuch (heutzutage auf 600 Seiten angewachsen), welches den Franchise-Gastronomen genaue Anleitung über die Herstellung des Fast-foods gibt.[537] Ferner sind darin die Bekleidung des Verkaufspersonals, die Ausstattung des Restaurants, ja sogar das Ambiente der Toilettenräume geregelt.[538] Um das Personal entsprechend den Grundsätzen Ray Kroc`s, auf die im weiteren Verlauf des Textabschnittes noch einzugehen ist, auszubilden, wird dem erfolgreichen Angestellten nach dem Besuch einer firmeneigenen Schulung der Titel „Bachelor oder Master of Hamburgerology"[539] verliehen. Kroc`s geniale Leistung besteht darin, nach Auszahlung der beiden McDonald`s Brüder, das Unternehmen McDonald`s zu einem USA weiten und schließlich internationalen Unternehmen ausgebaut zu haben. Die Franchise-Idee trägt dabei wesentlich zum Erfolg dieser Fastfood-Kette und der damit verbundenen Prinzipien bei.[540]

Die nun zu erörternde „McDonaldisierung", worunter die Übernahme der in der Fast-food-Branche bereits durchgesetzten Prinzipien auf immer mehr Gesellschaftsbereiche in Amerika und auf dem gesamten Erdball verstanden wird, beginnt ihren Siegeszug.[541]

Die McDonaldisierung begleitet die Gesellschaft bis heute. Sie ist längst noch nicht abgeschlossen, wie der amerikanische Soziologe Ritzer in seinem Buch „Die McDonaldisierung der Gesellschaft"[542] klarstellt. Sie zeichnet sich durch betriebswirtschaftlich günstige Vorgehensweise (Gewinnmaximierung) sowie exakte Planung (Produktpalette) aus. Das beinhaltet, daß Vorhersagbarkeit, Effizienz, Berechenbarkeit und Kontrolle[543] zu Werten einer industrialisierten, auf Rationalität ausgehenden Gesellschaft, geworden sind. Doch dieses reicht allein als Erklärung auch nicht

---

536   Vgl. Ritzer (1998) S. 61.

537   Vgl. Wagner (1995) S. 164.

538   Vgl. Prahl/Setzwein (1999) S. 201.

539   Wagner (1995) S. 160.

540   Vgl. Ritzer (1998) S. 61.

541   Vgl. Ritzer (1998) S. 15.

542   Fischer (1998)

543   Siehe dazu Abschnitt 9.1.1.

aus. Es ist letztlich die Eigendynamik dieses Vorgangs, die ihn so prägend voranschreiten läßt.[544]

Bereits Max Weber zeigt die Risiken einer zunehmend auf Rationalisierung ausgehenden Gesellschaft auf. Er bezeichnet die Suche nach optimalen Lösungen zur Erreichung eines vorgegebenen Ziels, durch Regeln, Bestimmungen und größere gesellschaftliche Strukturen, als formale Rationalität. Letztere charakterisiert die Bürokratie, die laut Weber, als entmenschlichend zu beschreiben ist.[545] Weber erahnt die Risiken einer auf Rationalisierung ausgerichteten Gesellschaft. Er spricht von einem eisernen Käfig, von dem lediglich Kälte, Härte und Ungewißheit ausgehen.

Diese These greift Ritzer im letzten Kapitel seines Buches auf. Er spricht von drei unterschiedlichen Käfigen und den dazugehörigen Einstellungen der Käfigbewohner. Es sind dies die angepaßte, die weniger angepaßte und die kritische Einstellung, die nun zu betrachten sind.

Zunächst zu demjenigen Käfigbewohner, für den die McDonaldisierte Welt eine angenehme Atmosphäre bietet. Ihre Elemente: Effizienz, Kontrolle, Vorhersehbarkeit und Berechenbarkeit, sind für ihn ein Zeichen der Sicherheit. Versinnbildlicht durch den samtenen, gleichsam offenen Käfig, in dem er sich befindet. Im großen und ganzen betrachtet er diese auf Sicherheit und weniger Wahlmöglichkeiten ausgerichteten Welt als Paradies.

Als zweites derjenige, der die McDonaldisierung als ganzes verabscheut, sie aber doch unter gewissen Gesichtspunkten ganz reizvoll findet. Die Einnahme einer schnellen Mahlzeit ist für ihn durchaus eine Art, den Alltag effektiver zu gestalten. Daher besitzt sein Käfig, in dem er sich befindet, quasi Stäbe aus Gummi. Dieses biegsame Material ermöglicht ihm eine schnelle, unproblematische Flucht. Er befindet sich nun in einer zwanglosen, lockeren Atmosphäre, wie etwa beim Zelten oder Bergsteigen. Hier bietet sich ihm ein unkonventionelles, nicht rational (bürokratisch) gestaltetes Umfeld.

Der dritte Typ dieser Personengruppe befindet sich in einem eisernen Käfig. Ihn beunruhigt diese Welt zutiefst. Er sieht kaum einen Ausweg, ihr zu entkommen. Er ist ein harter Kritiker der McDonaldisierung.[546]

Die genannten Käfigformen stellen die Einschränkungen, sprich die Betrachtungsperspektiven dar, die ein Beobachter in einer McDonaldisierteren Welt einnehmen kann. Scheinbare Freiheit, kombiniert mit rational or-

---

544   Vgl. Ritzer (1998) S. 247/248. Dieses zeigt die verstärkte Tendenz zu einer Standardisierung. Vgl. dazu Prahl/Setzwein (1999) S. 59.

545   Vgl. Ritzer (1998) S. 42-45.

546   Vgl. Ritzer (1998) S. 265-268.

ganisierten Systemen sind Merkmale dieser unserer Gesellschaft. Gleichzeitig ist damit eine Eßkultur beschrieben, die sich jener Momente rationell fließbandartiger, wohldurchdachter Organisationsstrukturen bemächtigt. Die Fertigpizza ebenso wie das Mikrowellengericht und der Einkauf im Supermarkt lassen jeden Einzelnen von uns täglich mit derartigen Komponenten konfrontiert sein. Hinzu kommt die eingangs in Abschnitt 9.1 angeführte Individualisierung, die den modernen Menschen charakterisiert.

In einem McDonaldisierten System werden Tabus, Verbote und Meidungen bei der Nahrunszubereitung infolge Maschineneinsatzes umgangen. Das von diesen vorproduzierte Menü oder die einzelne Nahrung ist immer gleich. Es bedarf keinerlei zusätzlicher Angaben. Zugleich setzt diese spezifische Form der Modernisierung (mit all ihren implizierten Werten) den Esser, zumindest was das Warenangebot und den sozialen Ort betrifft, sehr wohl unter eine Anzahl von Normierungen. Diese betreffen weniger Verbote oder Tabus, als vielmehr Meidungsempfehlungen und Kommunikationsbedingungen.

Im weiteren komme ich nun zu der zweiten in 9.1. aufgeführten Zeittendenz, der Individualisierung. Mit ihr begibt sich der Mensch auf das unsichere Parkett der Selbstentscheidung. Tabus, Verbote und Meidungen liegen plötzlich im eigenen Ermessen. Wie sich derartige Unsicherheit auf die Nahrungsauswahl auswirkt, soll im nachfolgenden Kapitel in bezug auf das Gen-Food erörtert werden.

11. Gen-food: Eine neue Definition von Nahrung

In unseren Tagen finden angeregte Diskussionen über die genetische Veränderung von Lebensmitteln statt. Eine Untersuchung der Stiftung Warentest aus dem Jahr 2000 macht dem Verbraucher deutlich, daß sich Lebensmittel mit gentechnisch veränderten Zutaten längst in die Regale der Supermärkte eingeschlichen haben. Die Konsumenten fürchten nun, durch den Genuß derartiger Eßwaren unabsehbare Folgen für ihre Gesundheit.

Die Industrie, Initiator der Gentechnik, strebt eine optimale Produktion von Lebensmitteln an. Einwandfreies Aussehen, optimale Klimaanpassung, angemessene Größe und vollmundiger Geschmack gelten als Vorzüge künstlich unter Laborbedingungen hergestellter Nahrungsmittel. Das Endprodukt ist nicht mehr natürlich gewachsen oder genauer, es erfüllt nicht die Kriterien eines natürlichen Lebensmittels. Deshalb wird es von vielen ökologisch bewußten Konsumenten abgelehnt. Die Meidung konzentriert sich in diesem Fall auf die Auswahl desjenigen Nahrungsmittels, von dem bekannt ist, daß es gentechnisch veränderte Zutaten enthält. Den sachgemäßen Umgang mit derartigen Produkten regelt kein entsprechendes Ge- oder Verbot. Das heißt, die Entscheidung für oder gegen ein derartiges Produkt, liegt letztendlich beim Konsumenten selbst. Gesetze regeln lediglich die Genehmigung und Durchführung gentechnischer Verfahren.

Der folgende Text beschäftigt sich zunächst mit der Gentechnik[547] selbst, um den Fakt einer künstlichen Natur näher zu betrachten. Danach wende ich mich den offiziellen Ge- bzw. Verboten zu, um die Lückenhaftigkeit des Gentechnikgesetzes aufzuzeigen und ende schließlich mit einem Ausblick auf den Einzug derartiger Lebensmittel in die heimische Küche.

11.1 Zwei Methoden der Biotechnik

Die Möglichkeit, neue bis dahin nie gekannte Lebensmittel zu konstruieren, entdecken die Biologen S. Cohen und H. Boyen erstmals 1973.[548] Die Evolution beginnt dadurch gleichsam, so könnte man sagen, von neuem. Das Verfahren einer beliebigen Neukombination von Genen verspricht, was noch niemals zuvor in Erfüllung gehen konnte: Nie schwindende Rohstoffvorkommen, unabhängig von der Verbrauchshöhe, aufzutun. Die Funktion eines derartigen Verfahrens erklärt sich wie folgt: Jeder Orga-

---

547 Gentechnik:„Anwendung biologischer, molekularbiologischer, chemischer und physikalischer Methoden auf die Neukonstruktion des Erbgutes." So Becktepe / Jacob (1991) S. 122.
548 Vgl. Treusch-Dieter (1994) S. 153.

nismus setzt sich aus einem Bündel von Stoffwechselleistungen, die allesamt neu miteinander kombiniert werden können, zusammen.[549] Die *algenistische Methode* nutzt diese Stoffwechseltätigkeit der Organismen, um ihnen neue, ebenfalls lebende Materie, mittels Biotechnik[550], hinzuzufügen. Ziel dieses Unterfangens ist die Beschleunigung von Wachstum sowie eine Ertragssteigerung. Ein solches gentechnisch hergestelltes Produkt übernimmt den Platz dessen, was nach der herkömmlichen Methode produziert wurde. Die Zeit, da die *alchimistische Methode* der Pyrotechnik das Leben auf der Erde bestimmte, ist vorbei. Es gibt kein Lebewesen mehr auf dem Erdball, dessen DNS nicht potentiell manipulierbar ist. Im Vorgang selbst entsteht eine einseitige Abhängigkeit zwischen dem Menschen und der zu kodierenden DNS. Treusch-Dieter spricht hier treffend von einem geradezu parasitären Verhältnis. Eine Beziehung, die aufgrund der Funktionalität der Methode (Mensch als Wirt für Wirtszellen und Esser) den Schein des genetisch Parasitären an sich hat. Für den Lebensmittelverzehr bedeutet eine derartige Manipulation auf lange Sicht gesehen unabsehbare Folgen in bezug auf das menschliche Erbgut.[551]

Die Gentechnik ist die konsequente Fortsetzung einer nach höchstmöglicher Selbstversorgung strebenden Industriegesellschaft.[552] Sie setzt die Idee eines nur noch mittelbar der Natur entnommenen Lebensmittels in die Tat um. Die Natur dient nur noch als Rohstofflieferant.[553] Die Determinierung dessen, was wachsen soll, erfolgt im Labor.

Um diese „künstliche Natürlichkeit"[554] eines Lebensmittels zu verdeutlichen, soll von „Quorn", einem Laborprodukt, die Rede sein. Quorn, so die Vermarktungsstrategen, ist ein rein pflanzliches Eiweiß.[555] Es ist ein Erzeugnis der anfangs erwähnten algenistischen Methode, ein Produkt der modernen Biotechnologie, dessen Vorgehensweise anhand einer Zeichnung veranschaulicht werden soll.

---

549   Vgl. Treusch-Dieter (1994) S. 150.

550   Biotechnik: „ Einsatz von (manipulierten) Organismen (Bakterien, Pilze u. a.) für industrielle, medizinische oder technische Zwecke", schreiben Becktepe/Jacob (1991) auf S. 121.

551   Vgl. Treusch-Dieter (1994) S. 156.

552   Vgl. Treusch-Dieter (1994) S. 165.

553   Vgl. Pollmer (1999) S. 3.

554   Pollmer (1999) S. 5. Das Motto gentechnischer Produktion heißt „mehr und billiger." Schenkelaars (1991) S. 46.

555   Vgl. Spelsberg (1993) S. 45.

Abbildung 6

So funktioniert Gentechnik nach Stiftung Warentest

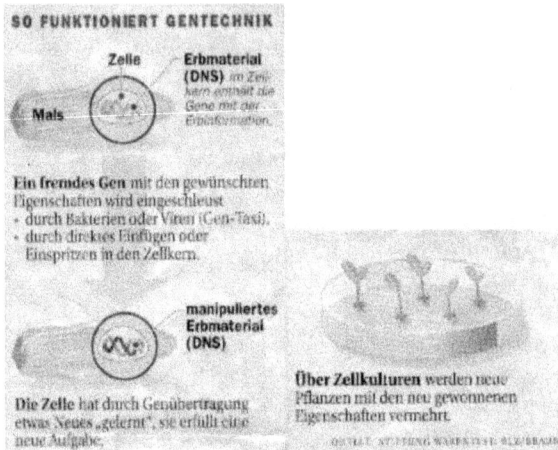

SO FUNKTIONIERT GENTECHNIK

Zelle — Erbmaterial (DNS) im Zellkern enthält die Gene mit der Erbinformation.

Mais

Ein fremdes Gen mit den gewünschten Eigenschaften wird eingeschleust
• durch Bakterien oder Viren (Gen-Taxi),
• durch direktes Einfügen oder Einspritzen in den Zellkern.

manipuliertes Erbmaterial (DNS)

Die Zelle hat durch Genübertragung etwas Neues „gelernt", sie erfüllt eine neue Aufgabe.

Über Zellkulturen werden neue Pflanzen mit den neu gewonnenen Eigenschaften vermehrt.

Zeichnung aus Schellenberger (2000): Gen-Food im Regal, S. 2.

Einem derartigen Herstellungsverfahren haftet viel zu leicht das Stigma des künstlichen an. Da die Mahlzeit sozial wie kulturell vielgestaltig ist, hat es die Chemie hier schwer. Es sei denn, es findet sich ein Verfahren wie die Gentechnologie, bei der trotz Manipulation von Nahrungsbestandteilen (Fette, Eiweiße, Kohlenhydrate) das äußere des Produktes erhalten bleibt.[556] Äußerlich sind dem Nahrungsmittel seine veränderten Gene gerade nicht anzusehen. Niemand wird auf eine blutrot aussehende Tomate oder die dickbelegte Tiefkühlpizza aufgrund ihres schmackhaften Aussehens verzichten wollen.[557] Eine Meidung derartiger Produkte ist schwer möglich. Der Konsument muß selbst die Initiative ergreifen, um sich einer etwaigen genetischen Manipulation des Nahrungsmittels zu versichern. So entwickelte eine Freiburger Firma einen Chip, mit dem der Verbraucher eigenhändig gentechnisch veränderte Substanzen in seinem Nahrungsmittel nachzuweisen in der Lage ist.[558] Denn auch das künstlich hergestellte Nahrungsmittel muß dem Balanceakt zwischen Wohlgeschmack und Widerwillen standhalten. Es muß individuellen Vorlieben ebenso genügen wie Tabus, Normen, Sitten und Gebräuchen.

---

556   Vgl. Spelsberg (1993) S. 48.

557   Die Gestaltung eines Lebensmittels liegt schon längst in der Hand von Lebensmitteltechnologen, so Fackeldey (1991) S. 110/111.

558   Vgl. Schellenberger (2000) S. 2.

11.2 Die künstliche Natur

Die Gewährleistung gleichbleibender Qualitätsstandards veranlaßt die Lebensmittelindustrie, auf sogenannte Zusatz- und Hilfsstoffe[559] zurückzugreifen. Viele davon entstammen einem biotechnischen Herstellungsprozeß, um höhere Effizienz und Einsetzbarkeit zu gewährleisten.[560] Die Gentechnik scheint unabdingbar für eine an rationalen Prinzipien orientierte Eßkultur. Diese (von der Verfasserin) sogenannte Gen-food-Eß-Kultur ist an drei Prinzipien orientiert. Zum einen sind es wirtschaftliche und politische Interessen, kurz der Weltmarkt, der die Nachfrage nach derartigen Verfahrenstechniken bzw. der daraus resultierenden Produkte ansteigen läßt. Zum zweiten ist es die Auslese der besten und ertragreichsten Pflanzen, die Selektivität also, die Gen-food so attraktiv macht. Der letzte Punkt ist die Isoliertheit, sprich Unabhängigkeit. Sie erzielt man durch Erzeugung der Ausgangsprodukte, gentechnischer Manipulate, im Labor.[561] Die Natur besiegt man so im Labor, die Kultur später in den Regalen des Supermarktes. Das potentielle Opfer ist der Verbraucher, dessen Organismus etwa bisher unbekannten Erkrankungen ausgesetzt werden könnte. Der Großangriff aggressiver, künstlich-produzierter Enzyme auf den Körper wird von einigen Gen-food Gegnern bereits erwartet.

Der Trend zu mehr Technisierung erfaßt auch die Kochkunst. Es setzt diese vermittels Umkehrung der Verfahrensweise (Resteverwertung) außer Kraft[562] Die Sehnsucht vieler Konsumenten nach mehr Natur, dem glücklichen Landleben, rückt damit in weite Ferne. Es bleiben die Risiken eines derartigen Verfahrens, d. h. die Gefahren, die ein Eingriff in die Erbsubstanz vom Menschen, eßbarer Tiere und Pflanzen mit sich bringt. Niemand weiß, welche Stoffwechselreaktionen ein mit erbgutveränderter Substanz versetztes Bier oder ein solcher Joghurt hervorbringt.[563]

Das wirft die Frage auf, ob der Verbraucher vor Zusatzstoffen in Lebensmitteln, die unter Umständen seiner Gesundheit Schaden zufügen können, hinreichend geschützt ist. Das Lebensmittelgesetz untersagt lediglich, daß in den Verkehrbringen solcher Nahrungsmittel, „deren Verzehr geeignet

559   Infolge „industrieller Verarbeitung und " Veredlung" von Nahrungsmitteln ist
       die Zahl der erlaubten und verwendeten Zuatzstoffe auf mehrere Hundert ange-
       stiegen" schreibt Hanke (1991) auf S. 70.
560   Vgl. Hanke (1991) S. 71.
561   Zu den Merkmalen einer Eßkultur siehe Barlösius (1999) S. 39.
562   Vgl. Treusch-Dieter (1994) S. 160.
563   Vgl. Tappeser (1991) S. 92/93.

ist, die Gesundheit zu schädigen."[564] Eine Ausnahme bilden Mikroorganismen und Enzyme. Sie gelten als Stoffe natürlichen Ursprungs.[565]

Gentechnisch veränderte Lebensmittel unterliegen dem Gentechnikgesetz. Das Gentechnikgesetz definiert genetisch veränderte Organismen als „ein Organismus, dessen genetisches Material in einer Weise verändert worden ist, wie es unter natürlichen Bedingungen durch Kreuzen oder natürliche Rekombination nicht vorkommt".[566] Es regelt die Sicherheitsstruktur mit den dazugehörigen Sicherheitsmaßnahmen, die bei Vornahme einer gentechnischen Arbeit berücksichtigt werden müssen.[567] Dieses könnte ein Kriterium für den Verbraucherschutz sein, doch weit gefehlt. Denn die Überprüfung auf mögliche negative Auswirkungen auf den menschlichen Organismus liegt im Ermessen des Fabrikanten. Das bedeutet, gesetzlichen Schutz vor gentechnisch veränderten Lebensmitteln gewährleisten weder Lebensmittel- noch Gentechnikgesetz. Beide Gesetze nehmen die neue Entwicklung im Bereich der Gentechnologie erst gar nicht in ihre Regelungen auf. Der Gesetzgeber spricht im Gentechnikgesetz allgemein vom Schutz des Menschen, der Tiere, der Pflanzen und der sonstigen Umwelt vor möglichen Gefahren gentechnischer Verfahren und Produkte.[568] Die behördlichen Anordnungen beschränken sich auf die Einordnung des Herstellungsprozeßes in eine jeweilige Sicherheitsstufe.[569] Gentechnische Arbeiten werden nach dem Grad ihrer Gefährdung für Menschen und Umwelt in „vier Sicherheitsstufen" eingeteilt.[570] Die Gentechnologie wird somit zum harmlosen technischen Industrieverfahren erklärt.[571]

Seit dem 10.April 2000 ist eine neue EU-Verordnung zum Thema Gentechnik in Kraft. In ihr wird ein Anteil gentechnisch manipulierter „Rohware" von einem Prozent im Endprodukt als tolerierbar angesehen. Eine völlige Reinheit der Produkte ohne genmanipulierten Anteil läßt sich schon alleine aufgrund des Pollenfluges in der feien Natur nicht mehr garantieren.[572]

---

564   LMBG §8 Abs.1.

565   Vgl. Spelsberg (1991) S. 83.

566   GenTG§3.3

567   Vgl. dazu GenTG § 7.

568   GenTG§1.1.

569   Vgl. Spelsberg (1991) S. 86-89.

570   GenTG§7.1.

571   So in EG/AJR einem gentechnischen Forschungsprogramm der EG. Einzelheiten dazu bei Lorenzen (1991) S. 20.

572   test 8 (2000) S. 81.

Gesetze regeln freilich nur die Formalia. Sie entscheiden darüber, welches Produkt für genetisch manipuliert eingestuft wird und welches keineswegs unter eine solche Regelung fällt. Ihre Aussagefähigkeit beschränkt sich daher auf formale Kriterien wie die Sicherheitsstufen. Die Gebote konzentrieren sich auf das Funktionieren staatlicher Kontrollmechanismen. Daneben obliegt es der Industrie, sich an die gesetzlichen Vorgaben zu halten und keine unerlaubten Eingriffe in die Erbsubstanz vorzunehmen.

Die Frage, wie sich Nahrung definiert und was ein Nahrungsmittel ausmacht, soll in bezug auf Gentechnik erneut diskutiert werden. Die Bedeutung der Nahrung ist betreffs des Nährwerts für den menschlichen Körper unverändert geblieben. Gleiches gilt für die Konsistenz, die sie annehmen kann (fest, flüssig usw.) sowie ihre Verarbeitungszustände (roh, gekocht usw.). Einzig, das Nahrungsmittel unterliegt einem, im wahrsten Sinn des Wortes, inhaltlichen Wandlungsprozeß. Der Same, die Zelle oder das Embryo gedeihen nicht mehr in der Natur, im Organismus oder im Mutterleib. Das Labor setzt sich an ihre Stelle. Es setzt sich über alle moralisch- religiösen Bedenken hinsichtlich einer Manipulation der Schöpfung hinweg.[573] Alles ist von nun an möglich, kann aus jedwedem Material hergestellt werden. So ist es mittlerweile technisch machbar Ei-Ersatzstoffe oder Frischkäse - Imitate aus Molke zu gewinnen.[574] Fortan ist Nahrung das, was die (Ernährungs-) Industrie dafür hält. Wie eine derartige Entwicklung weitergeht ist nicht absehbar.

---

573   Vgl. dazu Poppe (1991) S. 119.
574   Vgl. Pollmer (1999) S. 3.

12. Resümee

Ob überhaupt und unter welchen Umständen sich Tabu, Verbot und Meidung noch als angebrachte Normbegriffe erweisen, um heutiges Eßverhalten in seiner Vielfältigkeit zu erfassen, ist die Frage, die am Anfang der Untersuchung gestellt worden ist. Bevor ich mich in einer letzten Stellungnahme nochmals mit der Frage befasse, soll eine kleine Bildbetrachtung einen abschließenden Blick auf die Ernährungsthematik werfen.

Menschen nehmen auf zwei Arten Nahrung auf: sie beißen oder schlappern. Der „Schlapperer" ist derjenige, bei dem Nahrung weich sein muß. Er möchte sie sich in den Mund einziehen können. Im Gegensatz zum Beißer, der feste kaufähige Nahrungsmittel bevorzugt. Für ihn zählt die Festigkeit der Produkte. Beide Typen finden die für sich passende Nahrung in vielen Bereichen des Lebensmittelsektors wieder.[575] Die Nahrungsaufnahme erfolgt mittels der Hand oder mit einem der bereits genannten „Aneignungsinstrumente."[576] Das ausführende (kauende) Organ ist dabei der Mund. Ihm obliegt die Kontrolle über das, was in den Körper hineingelangt. Im Mund wachsen Zähne. Sie stellen das von der Lage her auffälligste Machtinstrument des Essers dar. Jeder einzelne Zahn ist in seiner Glätte, seiner Farbe, seiner Härte einmalig. Das Bild des Mundes läßt sich auf die Gesellschaft der Esser übertragen. Jeder Zahn ist dabei ebenso als einmalig anzusehen wie ein jedes Individuum. Nichts bringt ihn und die übrigen 32 Zähne aus ihrer Position. Es ist diese Ordnung, die nach außen hin bei Öffnung des Mundes bedrohlich wirkt. Die Zähne gelten daher als die „bewaffneten Hüter des Mundes". Was zwischen sie gerät, ist verloren, da es zerkaut bzw. zerrieben wird.[577] Die potentielle Gewalt ist offensichtlich. Der Mund ist außerdem das Organ, durch welches wir sprechen. Mit Hilfe der Sprache stellt jeder seine Beziehung zur Außenwelt her, die er dann partiell verschlingt. Es erscheint daher angebracht, von einer „Bidirektionalität des Mundes"[578] zu sprechen. Das ständige Miteinander von „Animalität" (essen) und „Sozialität" (sprechen)[579], ist ebenso bei jedem Tischgespräch zu beobachten.

Beides, Sprache und Nahrungsaufnahme charakterisieren einen bestimmten Eßstil. So assoziiert bereits jedes Kind mit einem Hamburger, das Fast-

---

575   Vgl. Karmasin (1999) S. 66.

576   Brock (1977) S. 541. Zur Thematik der Eßinstrumente siehe Abschnitt 3.2.2

577   Canetti (1976) S. 228-230.

578   Falk (1994) S. 108.

579   Berger/Luckmann (1970) S. 192.

Food- Restaurant um die Ecke und eine damit verbundene Art des Essens sowie eine bestimmte Symbolwelt.

Diesem grundlegenden Zusammenhang von Essen und Reden folgend, hat auch die Ernährungssoziologie ihre eigene Sprache ebenso wie eine Vielzahl ihr eigener Theoriemodelle entwickelt, (auf die an dieser Stelle nicht näher eingegangen werden soll).

In den bisherigen Ausführungen ist der ernährungssoziologische Teil besonders „durchgekaut" worden, der sich mit den Reglementierungen in Form von Tabu, Verbot und Meidung beschäftigt. Die Thematik ist zunächst einmal von der Seite der Sprachbasis (sprich die Begriffsvorgaben und die Theorielage) erörtert worden, um dann von einer historischen Hintergrundbeschreibung aus über religiöse (jüdische Speisetabus, Kap. 5.1, Abendmahl, Kap.5.2) und weltliche (Vegetarismus, Kap.6, Diät, Kap. 7) Phänomenen bis zu neuesten Mahl- (Büfett Kap.9, Fast-food, Kap. 10) und Nahrungsformen (Gen-food Kap.11) vorzudringen.

Es ist zunächst einmal der soziologischen Tradition folgend davon ausgegangen worden, daß der Tabuisierung als das wirkungsstärkste Normierungsverhalten, auch die meiste Beachtung zu schenken ist. Es stellte sich jedoch bereits im Zwischenresümee als nicht stichhaltig heraus. Wohl ist dem Tabu durch die Verbindung von äußerer Konvention und innerer Akzeptanz das größte Machtpotential eigen. Doch vermag es selbiges nur dann zu entfalten, wenn beide Momente der Verbindung gegeben sind. Nur dann bringt es seine auf Abstoßung und Anziehung zugleich beruhende Kraft zur Normsetzung zur Entfaltung. Solche erscheint im Bereich von stark religiös geprägten Gesellschaften ohne Probleme möglich. Im Zuge zunehmender Ausdifferenzierung und Pluralisierung ist dieses doch nahezu unmöglich. Der außerindividuelle Rahmen, dessen das Tabu bedarf, findet sich in der heutigen, zunehmend „säkularen" Gesellschaft so nicht mehr. Sieht man einmal vom christlichen Abendmahl, das sich seinen Tabucharakter noch weitestgehends bewahrt hat ab, so finden sich kaum noch Tabus im eigentlichen Sinne. Ein Beispiel, an dem die Tendenz von der Meidung hin zur Tabuierung zumindest in Ansätzen zu erkennen ist, ist der aus der Lebensreform im letzten Drittel des 19. Jh. entstandene Vegetarismus. Doch auch er ist so vielgestaltig in seinen Begründungsmustern, daß er eher unter den Aspekt der Meidung als der Tabusetzung fällt. Ähnlich verhält es sich mit dem unter Punkt 11 angesprochenen Gen-food. Hier reichen die Stellungnahmen von einer klaren Befürwortung bis zur unreflektierten Ablehnung oder einer totalen Ignoranz.

Mit dem letzten ist ein weiterer Punkt gegeben, der sich entscheidend durch die Kapitel 9-11 gezogen hat. Das ist der der Eigenverantwortung und des Bewußtseins. Nicht nur für den Vegetarier erscheint es nicht mehr möglich gedankenlos zu schlemmen, sondern auch der Mensch, der auf Gen-food verzichten möchte oder am Büfett zwischen Hunger und Rede-bedürfnis schwankt, muß denken, bevor er ißt und verantwortlich die Folgen seines Mahles selber tragen. Die Entlastung durch gesellschaftlich vorgegebene Normierungen entfällt zumindest in diesem Punkt zuneh-mend. Im Gegenteil, der Konsument der Moderne wird in allen Bereichen seiner Nahrungsversorgung durch eine Wissens- und Informationsorien-tiertheit eher belastet. Eine Verunsicherung des Verbrauchers etwa durch Medienberichte über BSE-Skandale, Salmonellen in Eiern und Hühner-fleisch oder illegal verabreichte Mastmittel in der Tierhaltung, geht damit einher. Hinzu kommt das Versagen oder die Aushebelung staatlicher Kon-trollinstanzen.

Eine neue Entlastungsfunktion vermag sich hingegen derjenige aufzubau-en, der sich in den Zeitstrom der McDonaldisierung mit hineinnehmen läßt. Für ihn gestaltet sich die Mahlzeit von Anfang bis zum Ende hin effi-zient und gedankenlos. Wenig Zeit, wenig Raum und ein hoher Grad an Vorgegebenem und Gleichmacherei.

Aus der so charakterisierten gesamtgesellschaftlichen Entwicklungsten-denz ist die Schlußfolgerung zu ziehen. Die Auflösung der häuslichen Tischgemeinschaft, die sich im Zuge des Zivilisationsprozesses in der Mo-derne abzeichnet, entläßt den einzelnen Esser in die Pluralität von Tischen. Eine Tischgemeinschaft muß er sich nun durch nachdenken und in Eigen-verantwortung selber suchen. Aus der so sich abzeichnenden „Beliebig-keit" der Situation wird der Einzelne auf vielfältige Weise herausgeholt. Zum einen, indem ihm (wie im Falle des kalten Büfetts) die Anzahl der Tische (auf zwei) beschränkt wird. So kann ihm sowohl der Freiraum zu individueller Entfaltung belassen, als auch ein gewißer Rahmen als Schutz vorgegeben werden. Zum anderen wird er (wie im Fast-food-Restaurant) in eine große Gesellschaft von Einzeltischen eingebunden. Er findet hier zwar nicht unmittelbar neue Bezugsgruppen. In Hinblick auf die Nahrung aber kann er sich auf eine beschränkte Auswahl und eine berechenbare Kom-munikation bei der Bestellung einstellen.

Schwieriger erscheint es, daß in den letzten Jahren verstärkt in die Schlag-zeilen geratene Phänomen des Gen-food einzuordnen. Auch in ihm zeich-net sich eine Priorität des Meidungsbegriffs ab. Dennoch greift das Gen-food-Gesetz (in all seiner Unzulänglichkeit) auf den Bereich der Verbote und der formellen Normen über. Allgemein läßt sich zumindest feststellen, daß das Technisierungsstreben der Gesellschaft in der Konstruktion der selbstgestalteten Nahrungsmittel ihren Höhepunkt findet. Ein Tabu stellt die Manipulation derselben durch Eingriff in ihre Gene auf jeden Fall nicht (mehr) dar.

Gewisse gesamtgesellschaftliche Tendenzen erweisen sich auch für das Nahrungssystem als prägend. Modernisierung, Technisierung und Rationalisierung sind hier nur einige davon. Die sich allein schon in der Nennung vieler Kriterien andeutende Pluralisierung unterstreicht die Offenheit der Interpretation.

In bezug auf die Begriffe Tabu, Verbot und Meidung hat sich mit Elias gezeigt, daß sie sehr wohl geeignet sind, das Eßverhalten auch der (Post-) Moderne zu erfassen. Letzteres gilt aber nur dann, wenn sie begrifflich exakt voneinander abgegrenzt werden. Ein Schritt in diese Richtung soll die vorliegende Arbeit darstellen.

13. Literaturverzeichnis

Althoff, G.: Der friedens-, bündnis- und gemeinschafts - stiftende Charakter des Mahls im frühen Mittelalter. In: Bitsch I.; Ehlert T.; Ertzdorff X. v. (Hg.): Essen und Trinken in Mittelalter und Neuzeit, Sigmaringen 1987, S. 13-25.

Allgemeines Landrecht für die Preußischen Staaten von 1794, II. Teil, Tit. 8, Nd, Frankfurt 1970.

Baltzer, E.: Erinnerungen: Bilder aus meinem Leben, Frankfurt 1907.

Barlösius, E.; Manz, W.: Der Wandel der Kochkunst als genußorientierte Speisengestaltung. Webers Theorie der Ausdifferenzierung und Rationalisierung als Grundlage einer Ernährungssoziologie. In: Kölner Zeitschrift für Soziologie und Sozialpsychologie, 40 (1988), S. 728-746.

Barlösius, E.: Naturgemäße Lebensführung, Zur Geschichte der Lebensreform um die Jahrhundertwende. Frankfurt/New York 1997.

Barlösius, E.: Soziologie des Essens. Eine sozial- und kulturwissenschaftliche Einführung in die Ernährungsforschung, München 1999.

Barthes, R.: Mythen des Alltags, Frankfurt 1964.

Barthes, R.: Für eine Psycho-Soziologie der zeitgenössischen Ernährung. In: Freiburger Universitätsblätter 75 (1982), S. 65-73.

Baumann, W.; Kimpel,H.; Kniess, F.W.: Schnellimbiss. Eine Reise durch die kulinarische Provinz, Marburg 1980.

Becher, U.: Geschichte des modernen Lebensstils, München 1990.

Becktepe, C.; Jacob, S. (Hg.): Genüsse aus dem Gen-Labor? Neue Techniken-Neue Lebensmittel, Bonn 1991.

Berger, P.; Luckmann, T.: Die gesellschaftliche Konstruktion der Wirklichkeit, Frankfurt 1970.

Bergmann, J.: Die Theorie des sozialen Systems von Talcott Parsons. Eine kritische Analyse, Frankfurt 1967.

Berghaus, M.: Von der Tischgemeinschaft zur Konsumgesellschaft. Gemeinschaftsbildung durch Essen und Wandlungen in der sozialen Bedeutung des Essens. In: Festschrift Otto König 70 (siebzig) Jahre, Matreier Gespräche (7,1981-9,1983), Wien/Heidelberg 1984, S. 243-259.

Bourdieu, P.: Die feinen Unterschiede. Kritik der gesellschaftlichen Urteilskraft, Frankfurt 1992, 4. Aufl.

Bourdieu, P.: Programm für eine Soziologie des Sports. In: Ders.: Rede und Antwort, Frankfurt 1992, S. 193-207.

Brock, B.: Essen als Weltaneignung. In: Ders. Ästhetik als Vermittelung, Köln 1977, S. 534-542.

Buchner, G.: Lieder, Songs und Gospels, München/Wien 1978.

Burstein, S. : Tabu. In: The Encyclopaedia Britannica, fourteenth Edition, Volume 21, London/New York 1929, S. 732-734.

Canetti, E.: Masse und Macht, Bd.1, Frankfurt 1976, 2.Aufl.

Dahrendorf, R.: Homo soziologicus, Opladen 1977, 15. Aufl.

DGE (Deutsche Gesellschaft für Ernährung) (Hg.): Ernährungsbericht 1976, Frankfurt 1976.

De Haan, G.: Kann denn Zucker Sünde sein? Die Spur des Süßen in der Geschichte. In: Schuller, A.; Kleber, J.A.: Verschlemmte Welt. Essen und Trinken historisch-anthropologisch, Göttingen 1994, S. 171-196.

Die Bibel: Die Bibel oder die ganze Heilige Schrift des Alten und Neuen Testaments nach der Übersetzung Martin Luthers, Stuttgart 1978.

Diller, H. (Hg.): Hippokrates Ausgewählte Schriften, Stuttgart 1994.

Dienstag, M.: Gier und Ekel. Notate auf dem Rand einer Speisekarte. In: Kursbuch (49) 1977, S. 91-111.

Dominé, A.(Hg.): Naturkost, Köln 1998.

Döller, J.: Die Reinheits- und Speiseangebote des Alten Testaments in religionsgeschichtlicher Beleuchtung, Münster 1917.

Douglas, M.: Deciphering a Meal. In: Daedalus. Journal of the American Academy of Arts and Sciences, 101 (1972), S. 61-81.

Douglas, M.: Ritual, Tabu und Körpersymbolik. Sozialanthropologische Studien in Industriegesellschaft und Stammeskultur, Frankfurt 1974.

Douglas, M.: Reinheit und Gefährdung. Eine Studie zur Vorstellung von Verunreinigung und Tabu, Frankfurt 1985.

Durkheim, E.: Regeln der soziologischen Methode, Neuwied/Berlin 1965.

Eder, K.: Die Vergesellschaftung der Natur. Studien zur sozialen Evolution der praktischen Vernunft , Frankfurt 1988.

Elias, N.: Über den Prozeß der Zivilisation. Soziogenetische und psychogenetische Untersuchungen, Bd.I: Wandlungen des Verhaltens in den weltlichen Oberschichten des Abendlandes, Frankfurt 1998, 22.Aufl.

Elias, N.: Über den Prozeß der Zivilisation. Soziogenetische und psychogenetische Untersuchungen, Bd. II : Wandlungen der Gesellschaft. Entwurf zu einer Theorie der Zivilisation, Frankfurt 1999, 22. Aufl.

Elias, N.: Die Gesellschaft der Individuen, Frankfurt 1987.

Engelhardt, D. von: Von der Stilistik des ganzen Lebens zum Haferschleim. Das 19. Jahrhundert als Wendepunkt in der Geschichte der Diätetik In: Schultz, U.: Speisen, Schlemmen, Fasten: Eine Kulturgeschichte des Essens. Frankfurt 1993, S. 285-298.

Erasmus, Desiderius von Rotterdam: De civilitate morum puerilium, per Des Erasmum Roterdamum - libellus nunc primum & conditus & aeditus - Parrisus: Wechsel 1530. Mikrofiche. München 1991. Mikrofiche Nr. 3059.

Fackeldey, B.: Werden wir den Geschmack verlieren? In: Becktepe, C.; Jacob, S. (Hg.): Genüsse aus dem Gen-Labor? Neue Techniken-Neue Lebensmittel, Bonn 1991, S. 108-112.

Falk, P.: Essen und Sprechen. Über die Geschichte der Mahlzeit. In Schuller, A.; Kleber J. A. (Hg.): Verschlemmte Welt. Essen und Trinken historisch-anthropologisch, Göttingen 1994, S. 103-131.

Faltin, I.: Individuum – Norm - Gesellschaft. In: Dies.: Norm - Milieu - Politische Kultur, Wiesbaden 1990, S. 13-60.

Fiddes, N.: Fleisch. Symbol der Macht, Frankfurt 1993.

Fielhauer, H.P.: „ Kartoffeln in der Früh, des Mittags in der Brüh`...". In: Ruppert, W.(Hg.): Die Arbeiter: Lebensformen, Alltag und Kultur von der Frühindustrialisierung bis zum „Wirtschaftwunder", München 1986, S. 157-173.

Fischer-Homberger, E.: Geschichte der Medizin, Berlin/Heidelberg/NewYork 1975.

Flandrin, J. L. : Der gute Geschmack und die soziale Hierarchie. In: Ariés, P.; Chartier R. (Hg.): Geschichte des privaten Lebens, 3 Bd.: Von der Renaissance zur Aufklärung, Frankfurt 1991, S. 269-311.

Franzkowiak,P.; Sabo,P.: Geschichte der Gesundheitswissenschaften. Die historische Entwicklung der Gesundheitsförderung in internationalen und nationalen Dokumenten. In: Franzkowiak, P.; Sabo,P. (Hg.): Dokumente und Grundlagendiät. Zur Entwicklung der Gesundheitsförderung in Wortlaut und mit Kommentierung, Mainz 1993, S. 11-17.

Freud, S. : Gesammelte Werke, Bd. 9: Totem und Tabu, London 1940.

Geulen, D.: Die historische Entwicklung sozialisationstheoretischer Ansätze. In: Hurrelmann, K.; Dieter, U.: Neues Handbuch der Sozialisationsforschung, Weinheim/Basel 1991, 4. Aufl, S. 21-54.

Glatzel, H.: Vom Genußwert der Nahrung. Schriftenreihe des Bundes für Lebensmittelrecht und Lebensmittelkunde, Heft 26, Wiesbaden 1959.

Götze, D.; Mühlfeld, C.: Ethnosoziologie, Stuttgart 1984.

Goudsblom, J.: Zivilisation, Ansteckungsangst und Hygiene. Betrachtung über einen Aspekt des europäischen Zivilisationsprozesses. In: Gleichmann, P.; Goudsblom, J.; Korte, H. (Hg.): Materialien zu Norbert Elias` Zivilisationstheorie, Frankfurt 1977, S. 215-253.

Greschat H. J.: Essen und Trinken: Religionsphänomenologisch. In: Josuttis, M.; Martin G. (Hg.): Das heilige Essen. Kulturwissenschaftliche Beiträge zum Verständnis des Abendmahls, Berlin 1980, S. 30-39.

Grimm, J.; Grimm, W.: Deutsches Wörterbuch, Bd.12, München 1984.

Gesetz zur Regelung der Gentechnik (Gentechnikgesetz GenTG) in der Fassung vom 16. Dez. 1993, BG Bl.I, S. 1950. In: Textsammlung Lebensmittelrecht, Bd. 2, Stand: März 2000, Herausgegeben von Klein, G.; Rabe, H.-J.; Weiss, H. unter Mitarbeit v. M. Horst, Hamburg: laufende Aktualisierung.

Gesetz zum Schutze der Jugend in der Öffentlichkeit (JÖSchG) Stand: Juli 1999, Bundesgesetzblatt II 2161-5/1 In: Sartorius Verfassungs- und Verwaltungsgesetze der Bundesrepublik, München: laufende Aktualisierung.

Hanke, F.-J.: Zusatzstoffe aus dem Versandkatalog. In: Becktepe,C.; Jacob, S. (Hg.): Genüsse aus dem Gen-Labor? Neue Techniken - Neue Lebensmittel, Bonn 1991, S. 70-74.

Harris, M.: Wohlgeschmack und Widerwillen. Das Rätsel der Nahrungstabus, Stuttgart 1988.

Hauck, K.: Rituelle Speisegemeinschaft im 10. Und 11. Jahrhundert. In: Studium Generale, 3 (1950), 11, S. 611-621.

Heim, N.: Hunger und sattes Leben. Zur sozialen Modellierung von Ernährungsbedürfnissen. In Schuller A.; Kleber J.A. (Hg.): Verschlemmte Welt. Essen und Trinken historisch-anthropologisch, Göttingen 1994, S. 89-102.

Henning, H.: Sozialgeschichtliche Entwicklungen in Deutschland von 1813 bis 1860, Paderborn 1977

Holl, A.: Das erste Letzte Abendmahl. In: Schultz, U.: Speisen, Schlemmen, Fasten: Eine Kulturgeschichte des Essens, Frankfurt 1993, S. 43-55.

Homolka, A.: Zück die Finger und iß. Ein Streifzug durch die Geschichte unserer Tischsitten von den alten Ägyptern bis heute, Frankfurt 1989.

Horbelt, R.; Spindler, S. : Tante Linas Kriegskochbuch, Frankfurt 1982.

Huber, A.; Feldheim, W.: Ernährungstabus-Versuch einer Deutung. In: Ernährungsumschau, 9. (1972) S. 313-315.

Karmasin, H.: Die geheime Botschaft unserer Speisen. Was Essen über uns aussagt, München 1999.

Geiler von Kaysersberg, J.: Das Buch der Sünden des Munds, XXIII Predigten, Strassburg 1518.

Keppler, A.: Tischgespräche. Über Formen kommunikativer Vergemeinschaftung am Beispiel der Konversation in Familien, Frankfurt 1994.

Kleber J. A.: Zucht und Ekstase, Maßregeln des klösterlichen Essens. In: Schuller A.; Kleber J.A. (Hg.): Verschlemmte Welt. Essen und Trinken historisch-antropologisch, Göttingen 1994, S. 235-253.

Kleinspehn, T.: Warum sind wir so unersättlich? Über den Bedeutungswandel des Essens, Frankfurt 1987.

Kleinspehn, T.: „Er fühlte sich nicht satt, nur voll" In: Kleber J.A. (Hg.): Die Äpfel der Erkenntnis. Zur historischen Soziologie des Essens, Pfaffenweiler 1995, S. 14-27.

Klotter, C.: Adipositas als wissenschaftliches und politisches Problem, Heidelberg 1990.

Koerber, K. v.; Männle, T.; Leitzmann C.: Vollwert-Ernährung, Heidelberg 1999, 9.Aufl.

König, R.: Die soziale und kulturelle Bedeutung der Ernährung in der industriellen Gesellschaft. In: Ders.: Soziologische Orientierung, Köln/Bonn 1965, S. 494-505.

Kuhn, G.: 9 Spotlights auf die Würstelbude. Ein perspektivischer Beitrag zu einer Soziologie des Essens. In: Kleber, J. A. (Hg.): Die Äpfel der Erkenntnis, Pfaffenweiler 1995, S. 84-97.

Laurioux, B.: Tafelfreuden im Mittelalter. Kulturgeschichte des Essens und Trinkens in Bildern und Dokumenten, Stuttgart 1992.

Lautmann, R.: Wert und Norm. Begriffsanalysen für die Soziologie, Köln 1969.

Lebensmittel- und Bedarfsgegenständegesetz (LMBG), Stand: Januar 1995, Bundesgesetzblatt III / FNA 2125-40-1-2.In: Sartorius I, Verfassungs- und Verwaltungsgesetze der Bundesrepublik, München: laufend Aktualisierung.

Leach, E.: Anthropologische Aspekte der Sprache: Tierkategorien und Schimpfwörter. In: Lenneberg, E. H. (Hg.): Neue Perspektiven in der Erforschung der Sprache, Frankfurt 1972, S. 32-73.

Lévi-Strauss, C.: Die eifersüchtige Töpferin, Nördlingen 1987.

Lévi-Strauss, C.: Kleine Abhandlung in kulinarischer Ethnologie. In: Mythologica

III. Der Ursprung der Tischsitten, Frankfurt 1973, S. 504-532.

Lévi-Strauss, C.: Strukturale Anthropologie, Frankfurt 1967.

Linse, U. (Hg.): Zurück o Mensch zur Mutter Erde. Landkommunen in Deutschland 1890-1933, München 1983.

Lorenzen, H.: Europäische Einigung: Mit „Flair" und „Eclair" zum grenzenlosen Geschmack. In: Bektepe, C.; Jacob, S. (Hg.): Genüsse aus dem Gen-Labor? Neue Techniken – Neue Lebensmittel, Bonn (1991) S. 17-24.

Love, J. F.: Die McDonald's Story, München 1989.

Luhmann, N.: Normen in soziologischer Perspektive. In: Soziale Welt, 20 (1969), S. 28-48.

Marinetti, F. T., Marinetti F.: Die futuristische Küche, Stuttgart 1983.

Malinowski, B.: Eine wissenschaftliche Theorie der Kultur, Frankfurt 1975.

Mead, G. H.: Geist, Identität und Gesellschaft aus der Sicht des Sozialbehaviorismus, Frankfurt 1968.

Mennell S. , : Über die Zivilisierung der Eßlust. In: Zeitschrift für Soziologie, 15 (1986), 6, S. 406-421.

Mennell S.: Die Kultivierung des Appetits. Die Geschichte des Essens vom Mittelalter bis heute, Frankfurt 1988.

Messelken, K.: Vergemeinschaftung durchs Essen. In: Josuttis M.; Martin G. (Hg.): Das heilige Essen. Kulturwissenschaftliche Beiträge zum Verständnis des Abendmahls, Berlin 1980, S. 42-57.

Meyers Kleines Lexikon Geschichte: Mit einer Einleitung von Golo Mann, Mannheim 1987.

Miessmer, A.: Das Büfett: Handbuch für Profis. Planung, Organisation und Herstellung kalter Büfetts, Stuttgart 1999.

Montanari, M.: Der Hunger und der Überfluß. Kulturgeschichte der Ernährung in Europa, München 1999.

Morel, J.: Soziologische Theorie: Abriß der Ansätze ihrer Hauptvertreter, 2.Aufl., München 1992.

Neumann, G.: „ Jede Nahrung ist ein Symbol".Umrisse einer Kulturwissenschaft des Essens. In: Wierlacher, A.; Neumann, G.; Teuteberg, H. J. (Hg.): Kulturthema Essen. Ansichten und Problemfelder, Berlin 1993, S. 385-444.

Ottomeyer, H.: Tischgerät und Tafelbräuche. Die Kunstgeschichte als Beitrag zur Kulturforschung des Essens. In: Wierlacher A.; Neumann G.; Teuteberg H.J. (Hg.): Kulturthema Essen. Ansichten und Problemfelder, Berlin 1993, S. 177-185.

Paczensky, G. v.; Dünnebier, A.: Die Kulturgeschichte des Essens und Trinkens, genehmigte Sonderausgabe, München 1999.

Parsons, T.: Essays in Sociological Theory, (revised edition), Glencoe, 1954.

Pater, S.: Zum Beispiel Mcdonald's, Göttingen 1994.

Penning, L. M.: Kulturgeschichtliche und sozialwissenschaftliche Aspekte des Ekels, Diss. Mainz 1984.

Popitz, H.: Die normative Konstruktion von Gesellschaft, Tübingen 1980.

Prahl, H.W.; Setzwein M.: Soziologie der Ernährung, Opladen 1999.

Pollmer, U.: Lebensmittel frisch aus dem Abfalleimer. In: Tagesspiegel vom 30.April 1999, S. 5.

Poppe, B.: Lebensmittelqualität Das wollen wir! In: Becktepe, C; Jacob S. (Hg.):Genüsse aus dem Gen-Labor? Neue Techniken – Neue Lebensmittel. Bonn 1991, S. 113-119.

Propyläen Weltgeschichte, Bd. 7: Von der Reformation zur Revolution, Hg. von Golo Mann, Frankfurt/Berlin 1960.

Radcliffe-Brown, A.R.: Social Sanction. In: Coser L.A.; Rosenberg, B. (Hg.): Sociological Theory: A Book of Readings, New York 1964, 2. Aufl. S. 186-192.

Radcliffe-Brown, A.R.: Structure and Funktion in Primitive Societies, New York 1965.

Rath, C. D.: Reste der Tafelrunde. Das Abenteuer der Eßkultur, Reinbeck 1984.

Regimen Sanitatis Salernitanum : Die Kunst sich gesund zu halten. Deutsche Nachdichtung mit Einleitung und Anmerkung von R. Schott, Zürich/Stuttgart 1964.

Richter, D.: Schlaraffenland. Geschichte einer populären Utopie, Frankfurt 1984.

Ritzer, G.: Die McDonaldisierung der Gesellschaft, Frankfurt 1998.

Rogge, J.U.: Von Pommes, Mayo und Wundertüten- Näherungen an eine Kultur zum Essen, Lutschen und Schmecken. In: Zeitschrift für Kulturaustausch 36 (1986) 1. Vj., S. 23-30.

Rumohr, C. F.: Geist der Kochkunst, Neuausgabe München 1973.

Schellenberger, R.: Gen-Food im Regal. In: Berliner Zeitung Nr. 174 vom 28.Juli 2000, S. 2.

Schenkelaars, P.: Der Gemüsegarten im Labor. In: Becktepe, C.; Jacob, S. (Hg.): Genüsse aus dem Gen-Labor? Neue Techniken - Neue Lebensmittel, Bonn 1991, S. 45-53.

Schipperges, H.: Moderne Medizin im Spiegel der Geschichte, Stuttgart 1970.

Schürmann, T.: Tisch- und Grußsitten im Zivilisationsprozeß, Münster/New York 1994.

Schwendter, R.: Arme Essen-Reiche Speisen, Wein 1995.

Setzwein, M.: Zur Soziologie des Essens: Tabu. Verbot. Meidung, Opladen 1997.

Siebert, J.: Der Dichter Tannhäuser. Leben - Gedichte - Sage, Halle 1934.

Siemann, W.: Gesellschaft im Aufbruch Deutschland 1849-1871, Frankfurt 1990.

Simmel, G.: Soziologie der Mahlzeit (1910). In: Ders.: Brücke und Tür. Essays des Philosophen, Stuttgart 1957, S. 243-250.

Simoons, F.J.: Eat not this Flesh: Food Avoidance in the old word, Second Edition, London 1994.

Spelsberg, G.: Im Dschungel der Gesetze. In: Becktepe, C.; Jacob, S. (Hg.): Genüsse aus dem Gen-Labor? Neue Techniken - Neue Lebensmittel, Bonn 1991, S. 82-91.

Spelsberg, G.: Essen aus dem Genlabor. Über die Zukunft unserer Ernährung, Göttingen 1993.

Spittler, G.: Norm und Sanktion. Untersuchungen zum Sanktionsmechanismus, Frankfurt 1967.

Spode, H.: Von der Hand zur Gabel. Zur Geschichte der Eßwerkzeuge. In: Schuller A.; Kleber,J. (Hg.): Verschlemmte Welt. Essen und Trinken historisch-anthropologisch. Göttingen 1994, S. 20-46.

Sprondel, W.: Kulturelle Modernisierung durch antimodernistischen Protest. Der lebensreformerische Vegetarismus. In: Niedhardt, F.; Lepsius, R. M.; Weiss, J. (Hg.): Kultur und Gesellschaft, Sonderheft der Kölner Zeitschrift für Soziologie und Sozialpsychologie 27 (1986), S. 314-330.

Stenzler, F.: Gesegnete Mahlzeit. Zur religiösen Substanz der Eßkultur. In: Schuller, A.; Kleber, J.A. (Hg.): Verschlemmte Welt. Essen und Trinken historisch-anthropologisch, Göttingen 1994, S. 197-234.

Streck, B.: Gefüllter Hund oder die Grenzen des Geschmacks. In: Kursbuch 129 (1997) S. 67-78.

Strunz, U. : forever young. Das Ernährungsprogramm, München 2000.

Struve, G.: Pflanzenkost, die Grundlage einer neuen Weltanschauung, Stuttgart 1869.

Suchy, Barbara: Die koschere Küche. Zur Geschichte der jüdischen Speisegesetze. In: Schultz, U. (Hg.): Speisen, Schlemmen, Fasten: eine Kulturgeschichte des Essens, Frankfurt 1993, S. 315-328.

Sutorio, J. C.: Kurzter in der Medicin wohlbegründeter Unterricht / Wie der Mensch durch gewisse und sichere Medicamenten / nebst einer / vermittels der Diät/ wohl eingerichteten Lebens-Ordnung/ seine Gesundheit erhalten/ und sein Leben ohne Schwachheit und bey guten Leibes-Kräfften und das höchste Alter bringen und verlängern könne, Jena 1695.

Tannahill, R.: Kulturgeschichte des Essens. Von der letzten Eiszeit bis heute, Wien 1973.

Tappeser, B.: Die Risiken gentechnisch hergestellter und verarbeiteter Lebensmittel. In: Becktepe, G.; Jacob, S. (Hg.): Genüsse aus dem Gen-Labor? Neue Techniken-Neue Lebensmittel, Bonn 1991, S. 92-101.

test / Stiftung Warentest (Hg.): Gentechnik in Lebensmitteln. Biss ins Ungewisse. In: test 8 (2000) S. 79-84.

Teuteberg, H. J., Wiegelmann G.: Der Wandel der Nahrungsgewohnheiten unter dem Einfluß der Industrialisierung. Göttingen 1972.

Teuteberg, H. J.: Die Nahrung der sozialen Unterschichten. In: Heischkel-Artelt, E. (Hg.): Ernährung und Ernährungslehre im 19. Jh., Göttingen 1976, S. 205-287.

Teuteberg, H.J.: Die tägliche Kost unter dem Einfluß der Industrialisierung. In: Teuteberg, H.J.; Wiegelmann, G.: Unsere tägliche Kost. Geschichte und regionale Prägung, Münster 1986, S. 345-361.

Teuteberg, H. J.: Magische, mythische und religiöse Elemente in der Nahrungsmittelkultur Mitteleuropas. In: Wandel der Volkskultur in Europa. Festschrift für Günter Wiegelmann zum 60. Geburtstag, Bd.I, Münster 1988, S. 351-373.

Teuteberg, H. J.: Der Wochenspeisenplan des Braunschweiger Armenhauses Auf dem Klint Anfang Februar 1841. Hintergründe und Vergleiche. In: Schultz U. (Hg.): Speisen, Schlemmen, Fasten: Eine Kulturgeschichte des Essens, Frankfurt 1993, S. 299-314.

Thomas, K.: Man and natural world, London 1983.

Tolksdorf, U.: Ein systemtheoretischer Ansatz in der ethnologischen Nahrungsforschung. In: Kieler Blätter zur Volkskunde IV (1972), S. 55-72.

Tolksdorf, U.: Grill und Grillen oder: Die Kochkunst der mittleren Distanz. Ein Beschreibungsversuch. In: Kieler Blätter zur Volkskunde V (1973), S. 113-133.

Tolksdorf, U.: Strukturalistische Nahrungsforschung. Versuch eines generellen Ansatzes. In: Ethnologia Europae, VIII (1975), S. 64-85.

Tolksdorf, U.: Der Schnellimbiß und the world of Ronald-McDonald's. In: Kieler Blätter zur Volkskunde XIII (1981) S. 117-162.

Tönnies, F.: Gemeinschaft und Gesellschaft, Darmstadt 1963.

Treusch-Dieter, G.: Genfood. Das Gold des Midas. In: Schuller, A.; Kleber, J. (Hg.): Verschlemmte Welt. Essen und Trinken historisch-anthropologisch, Göttingen 1994, S. 150-170.

Uffelmann, I.: Umgangsformen in Beruf und Privatleben. Mit Tipps zum richtigen Verhalten im Ausland, Selters/Ts. 2000.

Voss, J.H.; Der Abendschmaus, in: Voss J.H., Idyllen und Gedichte, Stuttgart 1967, S. 22-28.

Wagner, Ch.: Alles was Gott erlaubt hat. Die kulinarische Bibel, Wien 1994.

Wagner, G.: Fast schon Food: Die Geschichte des schnellen Essens, Frankfurt 1995.

Weber, M.: Wirtschaft und Gesellschaft, Studienausgabe, Tübingen 1972, 5. Aufl.

Weber, M.: Wirtschaft und Gesellschaft, Studienausgabe, Tübingen 1980.

Weidt, B.: Wie dick ist zu dick? Der Psychotherapeut Christoph Klotter über die Kulturgeschichte der Diät und den Koitus als Kalorienkiller. In: Die Woche vom 26. Mai 2000, S. 42.

Wiegelmann, G.: Alltags- und Festspeisen. Wandel und gegenwärtige Stellung, Marburg 1967.

Wiegelmann, G.: Tendenzen kulturellen Wandels in der Volksnahrung. In: Heischkel-Artelt, E. (Hg.): Ernährung und Ernährungslehre im 19. Jahrhundert, Göttingen 1976, S. 11-21.

Wiegelmann, G.: Innovationen in Speisen und Mahlzeiten In: Teuteberg, H.J.; Wiegelmann G.: Unsere tägliche Kost. Geschichte und regionale Prägung, Münster 1986, S. 325-334.

Wiegelmann, G.: Wandel von Speisen- und Tischkultur im 18. Jahrhundert. In : Teuteberg, H.J.; Wiegelmann, G.: Unsere tägliche Kost. Geschichte und regionale Prägung, Münster 1986, S. 335-344.

Wildung, D.: Das Brot des Lebens. Essen und Trinken im alten Ägypten. In: Schultz, U. (Hg.): Speisen, Schlemmen, Fasten: Eine Kulturgeschichte des Essens, Frankfurt 1993, S. 13-25.

Wierlacher, A.; Neumann, G.; Teuteberg H.J.: Kulturthema Essen. Ansichten und Problemfelder, Berlin 1993.

Zedler, J. H.: Grosses vollständiges Universal-Lexikon, Bd. 13, Graz 1994, zweiter vollständiger Nachdruck.

Zischka, U.; Ottomeyer, H.; Bäumler, S. ,(Hg.): Die anständige Lust: Von Eßkultur und Tischsitten, München 1994.

14. Verzeichnis der Abbildungen